공무원 시험 가이드북

우리는 공시생이
아니라
공무원이
되어야 한다

우리는 공시생이 아니라
공무원이 되어야 한다

초판인쇄	2019년 8월 05일
초판발행	2019년 8월 10일
지은이	원주영
발행인	조현수
펴낸곳	도서출판 더로드
마케팅	최관호 최문순
IT 마케팅	신성웅
디자인 디렉터	오종국 Design CREO
ADD	경기도 고양시 일산동구 백석2동 1301-2
	넥스빌오피스텔 704호
전화	031-925-5366~7
팩스	031-925-5368
이메일	provence70@naver.com
등록번호	제2015-000135호
등록	2015년 06월 18일
ISBN	979-11-6338-042-9-13320

정가 18,000원

공무원 시험 가이드북

우리는 공시생이
아니라
공무원이
되어야 한다

원주영 지음

도서
출판 **더 로드**
The Road Books

"불가능한 목표는 잠깐 내려놓고
지금 당장 할 수 있는 것부터 도전해보자"

　　　　안정된 직장을 가지는 것은 모든 사람의 바람이다. 예전에는 대학만 나오면 대기업이든 중소기업이든 어디든 들어갈 기회가 많이 있었다. 하지만 요즈음은 과거 어느 때보다 취업하기 어려울 뿐만 아니라 설사 그 어려운 관문을 뚫고 입사한다고 해도 평생직장이 되지 못하는 경우가 많다. 그러다 보니 많은 사람이 공무원이 되기를 꿈꾼다. 공무원의 가장 큰 장점은 특별한 경우가 아닌 한 정년을 보장받는 안정된 직장인 데다, 퇴직 이후에도 연금이 나오기 때문에 노후도 보장받을 수 있는 데 있다. 또한, 사회적 지위도 인정을 받고 자신의 꿈도 펼칠 수 있으며, 자기 계발을 위한 시간적 여유도 많기 때문에 직업에 대한 만족도도 높다.

　그런 까닭에 많은 사람이 공무원 시험에 매달린다. 대학 도서관에 가 보면 공무원 시험공부를 하는 수많은 학생을 볼 수 있다. 그중에는 공무원 시험 준비를 위해 휴학을 한 사람도 있고, 심지어 졸업을 미루고 공무원 시험 준비에 올인하는 사람도 있다. 예전에는 대학 졸업반 정도가 되어야 공무원 시험 준비를 했지만, 지금은 대학 1학년 때부터 준비하는 사람도 많으며, 심지어 고등학생이 준비하는 경우도 있다. 하지만 그렇게 많은 사람이 목을 매는 공무원의 문은 좁다. 경쟁률이 높기 때문에 합격하는 사람보다 불합격하는 사람이 훨씬 더 많다. 그런 연유로 합격하는 사람을 빙산의 일각에 비유하기도 한다. 이 책은 공무원 시험 준비를 시작하고자 하는 사람과 현재 공무원 시험공부를 하고 있는 사람에게 공무원이 되는 길을 안내해주고자 한다.

수많은 사람(대학생 및 일반인)이 한 번쯤 공무원 시험을 생각해 보았을 것이다. 하지만 막연하게 피상적으로만 생각했지 무엇을 어떻게 해야 하는지를 몰라 그냥 생각하는 것에 그친 많은 사람이 있을 것이다. 그 원인은 공무원 시험공부에 대해, "이건 이렇고, 저건 저렇다."라고 설명해주는 안내서가 부족한 탓이다. 공무원 시험공부에 대해 알고 싶어 인터넷의 네이버 등의 검색 창에 '공무원 시험공부'를 치면, 시험공부에 대한 정보보다는 학원 안내나 문제집 광고가 검색 결과로 뜨는 경우가 많다. 현대인은 어떤 정보를 가지고 향후 나아갈 길을 판단하는 데에 익숙해 있다. 그런데 시험공부에 대해 친절하게 안내해 주는 안내서가 부족하기에, 공무원 시험공부에 대해 자신이 적합한가,

그렇지 않은가 하는 자체 분석도 하기 어렵다. 그런 상황에서 무모한 도전을 하고, 쉽게 공무원 시험공부를 포기하게 되는 것이다. 이렇게 많은 사람이 관심 있는 공무원 시험에 대해, 속 시원하게 답을 해주는 안내서가 부족한 현실을 공무원 학원 상담 실장을 하면서 많이 안타깝게 생각했다. 그것이 이 책을 쓴 이유이다. 공무원 시험공부에 대해 정확한 정보를 제공해줌으로써 공무원 시험 준비를 해볼까 망설이는, 그리고 어떻게 하면 효율적으로 공부를 할까 고민하는 사람들에게 이 책은 유용한 안내서가 될 것으로 믿는다.

공무원 시험공부는 합격까지 짧게는 6개월에서 길게는 2년 이상이 걸린다. 우리는 성장기에 초등 6년, 중등 3년, 고등 3년 총 12년을 공부하고, 졸업장을 받았다. 이러한 교육과정을 거치면서, 몇 년을 공시생으로 공부만 하면 마치 성장기의 통과의례처럼 자연스럽게 공무원이 된다고 착각하는 경우도 있다. 물론 합격해야 공무원이 된다는 것은 누구나 알고 있지만, 몇 년을 공무원 시험 준비만 하면 자연스럽게 합격하지 않을까 막연하게 생각한다는 의미이다. 하지만 절대 그렇지 않다. 경쟁률이 높아 합격문이 좁은 만큼 중도에 포기하는 사람이 많다. 이런 경우 청춘의 귀한 시간을 허비했다고 생각하게 된다. 그렇기 때문에 공무원 시험을 생각하는 사람은 자신이 공무원이라는 직업과 맞는지, 공무원을 준비하는 힘든 과정을 극복할 수 있는지 등 여러 가지 상황을 고려하고 시작해야 한다.

    필자는 9년 넘게 공무원 학원에서 상담 실장을 했기 때문에 공무원 시험을 준비하는 숱한 수험생을 만났다. 그런 경험을 토대로 공무원 시험을 준비하거나 현재 진행하고 있는 수험생에게 많은 이야기를 해주고 싶다. 그들이 필자에게 한 질문은 공무원을 해보겠다고 마음먹은 사람이나, 현재 공무원 시험공부를 하는 많은 수험생이 공통으로 궁금해하는 사항이다. 많은 사람이 공무원 준비를 한다. 하지만 누구는 합격하고 누구는 불합격한다. 그 차이는 무엇일까? 여러 요인이 있을 수 있겠으나, 가장 큰 요인 중의 하나가 효율성이다. 어떻게 공부를 해야 하는지 알고 시작하는 것과 그렇지 않은 것은 결과에서 엄청난 차이가 발생할 수밖에 없다.

    공무원 준비를 하겠다고 온 수험생은 처음엔 굳은 각오를 하고 온다. 처음 마음을 잊지 않고 끝까지 열심히 하는 사람이 있지만, 시간이 흐르면서 슬럼프에 빠져 포기하는 사람도 많다. 무엇을 하든지 시련은 있기 마련이다. 어차피 공부란 것은 시련 극복의 과정이다. 그렇다 하더라도 시작하기 전부터 공무원이 되기 위해서는 어떤 과정을 거쳐야 하는지 정도는 알고 해야 한다. 무작정 맨땅에 헤딩 식으로 시작해서는 안 된다. 공무원 시험공부 과정에서 있을 수 있는 고민, 어려움에 대해 어느 정도 인식하고 시작한다면, 합격까지의 수험시간을 단축하는 데 많은 도움이 되리라는 것은 두말하면 잔소리다.

1장은 필자의 이야기를 적었다. 공무원 학원에 입사하여 스스로 역량을 키워가는 과정과 그곳에서 겪은 경험이다. 2장은 공무원 시험을 준비하려는 사람에게 들려주고 싶은 이야기를 적었다. 모르고 시작하는 것보다 그 과정이 어떠한지 알고 시작하는 것이 훨씬 더 공부를 효율적으로 할 수 있다. 옛말에 "모르면 용감하다."라는 말이 있다. 하지만 그 말은 틀렸다. 최소한 공무원을 시작하려고 준비하는 과정에서만큼은 "모르면 힘들고, 모를수록 그에 비례하여 시간이 오래 걸린다."라고 말하고 싶다. 그런 의미에서 3장은 공무원 공부를 시작하기 전이나 진행 중인 상황에서 꼭 알아야 할 내용을 적었다. 이 장은 필자가 공무원 학원 상담 실장을 하는 중에 수없이 받은 질문을 정리한 것이다. 4장은 공무원 학원에서 일어난 에피소드 등을 적었다. 5장은 필기시험에 합격하고 난 뒤에 준비해야 할 것, 즉 면접과 자기소개서 작성법(예문 포함)에 대해서 적었다.

요즈음은 내비게이션이 일반화되어 있다. 모르는 길도 내비게이션을 보면 쉽게 찾아갈 수 있다. 내비게이션은 길 안내뿐만 아니라 과속을 하면 안 되는 곳, 어린이 보호구역, 과속방지턱 등 자동차로 길을 가는 데에 도움이 되는 여러 가지 정보를 알려준다. 이 책은 공무원 수험생에게 그런 정보를 알려주는 내비게이션과 같은 길잡이가 되었으면 좋겠다.

2019년 8월 여름날에...

저자 **원주영**

"원 실장, 너는 원석이었는데.
이제는 빛나는 보석이 되었네."

　　　　　　직원으로 채용하여 처음 일을 하게 했을 때의 느낌은 모든 일을 자기 주도적으로 찾아서 한다는 것이었다. 스스로 무언가를 하려 했고, 그 노력하는 모습이 보기 좋은 직원이었다. 처음부터 일을 잘할 수는 없지만, 자신이 주인인 것처럼 매사에 습관처럼 주인의식과 성실함으로 임했다.

　대표이사와 직원의 관계였지만, 무엇이든 믿고 따라주던 모습에 나 또한 믿음이 갔다. 다른 직원이 입사하여 상담실장이 되기 위해서는 최소한 4~5년이란 시간이 걸리지만, 원 실장은 입사한 지 2년 만에 상담실장이 되었으며, 4년이 지나는 시점에 부원장의 자리까지 올랐음에도 불구하고, 학원에서는 부원장보다 실장이 낫다며 실장으로 불리고 있다. 그만큼 모든 일에 열정을 가지고 임한 정말 보석 같은 직원이다.

　하루에도 수십 명씩 공무원 시험 준비를 위하여 우리 학원을 찾아온다. 그들은 대체로 공무원 시험에 대한 정보가 아주 빈약한 경우가 많다. 그리고 잘못된 정보를 가지고 찾아오는 사람도 많다.

어떤 사람은 수강 등록을 바로 하고, 어떤 사람은 상담만 받고 돌아간다. 원 실장이 다른 직원과 다른 점은 수험생활, 수강 생활과 관련하여 있는 그대로 수험생의 입장에서 리얼하게 이야기해주고 상담하러 온 사람으로 하여금 스스로 판단하게 한다는 것이다. 대표이사로서 이러한 부분이 때로는 걸리기도 했지만, 진정성 있는 상담으로 인하여 수험생의 감탄과 더불어 학원의 이미지까지 높일 수 있었다는 점에 다시금 고마움을 느낀다.

원 실장은 상담 업무를 아주 잘했다. 하지만 그것에 만족하지 않고 꾸준히 자기계발에 힘썼다. 수험생을 생각하는 마음으로, 더 좋은 상담을 위해 CS 강사 자격증을 땄고, 대학원에 진학하여 석사학위를 받기도 했다. 그러더니 이제 수험생을 위한 책을 내고 작가가 되었다. 책을 낸 이유가 공무원 시험에 대한 정확한 정보가 필요한 사람에게 작으나마 도움을 주기 위해서라 한다.

이 책은 공무원 시험 준비를 해볼까 생각하는 예비수험생들에게 좋은 안내서가 될 것이고, 현재 공부하고 있는 수험생들이 더 좋은 선택을 하는 데 많은 도움을 줄 것이다. 왜냐하면 내가 봐온 원 실장은 수험생의 눈높이에서 생각하는 이타 정신이 투철한 진실한 사람이기 때문이다. 그리고 수험생이나 예비수험생의 가려운 곳이 어디인지를 정확하게 알고 있으며, 그것을 긁어줄 수 있는 능력을 갖추었기 때문이다.

공무원 시험에 대한 안내서는 그리 많지 않다. 그 때문에 잘못된 판단을 하는 경우를 공무원 학원을 운영하면서 수도 없이 보아왔다. 그것은 필요한 정보의 부재가 원인이다. 이제 이 책을 통하여 최소한 공무원 시험에 대한 정보의 부재로 인한 잘못된 판단을 하는 사례가 줄어들 것이라 믿는다.

이제 원 실장은 다듬어진 보석이다. 내용을 읽어보니 그가 가진 빛나는 보석의 진실한 숨결을 이 책의 곳곳에 심어둔 것을 보게 되었다. 이 글을 읽는 독자도 그런 보석을 보게 되리라 기대한다. 그런 의미에서 이 책은 공무원 시험공부를 생각하거나, 이미 하고 있는 수험생이 읽어야 할 필독서이다.

김홍보(울산 중앙공무원학원 대표이사)

이 책은 공무원 시험 준비를 해볼까
생각하는 예비수험생들에게 좋은 안내서가 될 것이고,
현재 공부하고 있는 수험생들이
더 좋은 선택을 하는 데 많은 도움을 줄 것이다.

Contents

제 2 장

___

공무원 준비, 이것만은 알고 하자   **45**

Contents

Contents

제5장

공무원 면접, 이것만은 알고 하자   **221**

01 CHAPTER

제 1 장

내 청춘에 꽃이 된 공무원 학원

01

"

힘든 일,
슬픈 일 여러 가지 일을
겪으면서
다듬어진다면 충분히
멋진 보석이 될 거라고
난 믿는다.

"

공무원 학원에
입사하다

2011년 11월, 23살, 울산에 있는 공무원 학원에서 첫 사회생활을 시작했다. 대학에서 중국어를 전공하고 경영학을 복수 전공한 필자에게 공무원은 공무원 학원에 입사 전까지만 해도 들어 본 적 없는 생소한 직종이었다. 그런데도 공무원 학원에 입사하게 된 이유는 총 3번의 면접을 보면서 한결같던 원장님의 자신감 넘치고 다정한 모습이 마음을 끌었기 때문이다. 그리고 입사를 하고 9년이 지난 지금까지도 대표이사님과 원장님 부부는 필자의 든든한 지원군이 되어 주고 있다.

처음 입사했을 때 과장 한 명, 대리 한 명, 매니저 한 명, 사원 두 명이 있었는데, 첫 사회생활이었던 필자에게 원장님을 제외하고 여자만 있는 이곳은 적응하기 힘든 곳이었다. 첫 출근 날부터 나만 느낄 수 있는 미묘한 텃세 탓에 그만두고 싶은 마음이 생겼다. 하지만 원장님의 만류와 '내가 여기서 1년도 버티지 못한다면 어딜 가도 버티지 못할 것이다.' 라는 생각이 들어 버텨보기로 마음먹었다.

학원은 많은 학생이 생활하는 공간인 만큼 먼지가 많이 발생하여 매일 쓸고 닦아야 했는데, 화분의 난에 쌓여있는 먼지를 닦자 쓸데없는 곳을 청소해서 일거리를 늘린다고 기존 직원에게 혼났다. 예전 서류를 정리하며 누락되거나 잘못된 부분을 찾아내어 보고하면 다른 직원들은 자신들의 치부를 일러바친다고 혼을 내었다. 또한, 일을 열심히 하면 자신들이 상대적으로 일을 적게 하는 것처럼 보인다고 혼을 내었고, 일하지 않으면 자신들의 일거리가 늘어난다고 혼을 내었다. 일을 많이 하면 많이 한다고 안 하면 안 한다고, 사사건건 트집을 잡았다. 심지어 점심시간에 국밥집에서 국밥을 먹는데 국에 밥을 말았다고 더럽다며 혼나기도 하였다. 사회초년생이라면 대부분 겪어보았을 법한 별의별 일들로 상사로부터 혼나고 집에 가서 울면서 잠드는 일상이 계속되었다. 그리고 입사 후 6개월 정도 지나자 원장님에게 나의 노력을 인정받기 시작했고, 기존 직원들은 여러 가지 이유로 하나씩 퇴사했다.

기존 직원들이 퇴사한 이후 새로운 직원이 입사했지만, 일반 회사와는 다른 업무 환경에 탓에 오래 버티는 사람이 별로 없었다. 적응하지 못하는 이유는 여러 가지였는데, 크게 두 가지로 정리하자면 첫 번째 이유는 근무시간이다.

"내일이 크리스마스인데, 뭐 할 거예요?"

"출근해야지!"

"빨간 날인데도 출근해요?"

"그럼! 학원이 문을 열어야 수험생이 갈 곳이 있지!"

공무원 학원은 아침 8시부터 저녁 10시까지 2교대로 근무하고, 토요일, 공휴일, 명절에도 정상적으로 운영한다. 필자는 아침 8시에 출근해서 온종일 일하고 저녁 10시 마감한 이후에는 사무실에서 개인 업무를 보느라 새벽에 퇴근하는 것이 일상이었다. 작년에는 언니, 어머니, 안사돈 어르신, 사돈처녀, 조카들까지 제주도 여행을 간 적이 있는데, 집안 모든 여자가 가는 여행에 필자를 제외했기에 언니에게 이유를 물었다.

"왜 나한테는 시간 되냐고 안 물어봤어?"

"넌 당연히 일할 거잖아. 그래서 안 물어봤지."

라는 답변이 돌아왔다. 속상한 마음을 감출 길이 없었는데, 2주 뒤 형부가 멋진 호텔에서의 1박 2일 여행을 보내주어 겨우 마음이 풀린 일도 있었다. 가족, 주변 지인마저도 이제는 더 이상 필자에게 공휴일, 명절 계획을 묻지 않는다. 그만큼 필자에게는 수험생 한 명 한 명이 소중했고, 단 한 명의 수험생이라도 원한다면 학원 문을 열고 기다렸다. 우리 집에서 학원까지는 시내버스로

1시간, 자차로 30분이 걸리는 상당한 거리임에도 불구하고, 그 시간이 전혀 아깝다거나 힘들다고 생각해본 적이 없다. 수험생이 우선이라는 생각에 주말, 공휴일, 명절도 당연히 출근하는 날로 인식되어 있었던 필자에게는 평범한 일이었다. 그러나 이 부분은 강요하면 안 되는 부분이므로 그런 이유로 떠나는 사람을 탓할 수는 없었다. 하지만 그만큼 공무원 학원의 근무 환경이 수험생 위주라는 것을 말하고 싶다.

두 번째 이유는 청소이다. 청소는 학원에서 중요한 업무 중의 하나였는데, 많은 수험생이 함께 생활하는 공간인 만큼 수험생의 건강을 위해 청결은 필수이다. 특히 미세먼지가 극성인 요즈음에는 청소는 필수였다. 그러나 요즘 20대에게 열심히 해도 티가 나지 않는 청소는 힘든 일이다. 청소가 무어 힘든 일이냐고 되물을 수 있겠지만, 집에서 손가락 하나 까딱하지 않다가 매일 넓은 학원을 청소하는 것은 힘든 일임이 분명했다.

"우리 애를 왜 청소를 시켜요?"
"본인 자리 정도는 청소할 수 있지 않습니까?"
"우리 애는 그런 거 못 해요. 당장 그만둬!"

학원 홈페이지와 외, 내부 광고를 위해 채용한 웹 디자인 직원 부모가 한 말이다. 웹 디자인 직원이었기에 데스크, 상담, 청소 업무에서는 제외하고 오로지 웹 디자인만 집중할 수 있도록 해주었는데, 어느 날 본인 자리를 청소하라고 했더니 퇴근 후 부모님을 모셔온 것이다. 다른 곳 청소는 몰라도 자신이 일하는 자리는 청소하는 것이 당연하다고 생각했다. 성인이 되었으면 자신이 하고 싶지 않으면 의사 표현을 하면 되는데, 부모까지 모시고 와서 따지는 사실에 기가 막혔다.

　이런 일을 몇 번 겪다 보니 '내가 하기 싫은 일은 직원에게도 시키지 말자'라는 생각을 하게 되었다. 그러다 보니 혼자서 총 120명 정도 수용 가능한 대강의실 대청소를 도맡아 하기도 했다. 먼저 책상 위를 걸레로 닦고, 교실 앞에서부터 분단 별로 빗자루로 쓴다. 그다음 책상 줄을 맞추는데, 몇 번이고 교단에 올라가 확인하며 오와 열을 맞춘다. 그리고 밀대로 의자 밑까지 꼼꼼히 닦은 후, 마지막으로 칠판을 닦으면 청소가 끝이 난다. 땀을 흠뻑 흘리면서 아무 생각 없이 청소에만 집중하다 보면 내가 왜 여기에 있는지를 깨닫게 된다. '청소는 학생과 강사에 대한 기본적인 예의이며, 청소 하나는 자신 있기 때문에 나는 공무원학원에 꼭 필요한 인재다.' 라는 생각을 하며, 다시 업무로 복귀하곤 하였다.

02

나를 보석으로 만들어준
공무원 학원

"쌤은 집에 언제 가요?"

"쌤! 아까 4층에 있지 않았어요?"

"쌤, 안 힘드세요?"

"쌤, 이제 식사하세요?"

　　　학원 수험생들이 나에게 자주 하는 말이다. 동에 번쩍 서에 번쩍 온종일 학원 전체를 뛰어다니며 학원 전체 관리를 한다. 이렇게 상담, 청소, 수업 준비, 학생 관리 등 동분서주하는 나에게 원장님께서 해주신 말씀이 있다.

　　"너는 다듬어지지 않은 원석이야, 힘든 일, 슬픈 일 여러 가지 일을 겪으면서 다듬어진다면 충분히 멋진 보석이 될 거라고 난 믿는다."

이 한 마디는 학원에 대한 애사심과 충성심을 가지게 된 계기가 되었고, 9년간 힘든 일이 있어도 버틸 수 있게 한 원동력이 되었다. 9년간 두 개의 건물에 나누어져 있던 학원을 한 건물에 합치고, 학원을 확장하고, 학원을 축소하는 과정을 함께하였다. 그리고 효율적인 업무 또는 수험생 편의를 위해 학원 구조를 바꾸는 일 등은 일상이 되었다. 이제는 컴퓨터 옮기기, 전구 갈기, 문고리 교체하기, 드릴을 사용하는 일, 블라인드 달기 등 어지간한 수리는 혼자서 가능하다. 그리고 필자의 손때가 묻지 않은 곳이 없을 정도로 학원 전체를 훤히 꿰고 있다.

공무원학원에서의 9년은 20대 청춘을 다 바친 만큼 필자의 전부였다. 좋은 일, 힘든 일도 많았고 울기도 많이 울었다. 그리고 30살의 봄 경영대학원 졸업식 날,

"이제 멋진 보석이 되었네. 고생했다!"

원장님의 한마디는 그동안의 마음고생을 털어버리고, 멋진 30대를 준비할 수 있는 원동력이 되었다.

누가 알아주지 않아도 나 자신은 안다, 얼마나 열심히 했는지를. 그러다 보

니 다른 사람에게도 자신 있게 이야기해주고 싶은 말이 생겼다. 열심히 한다는 것은 무슨 일을 하든 간에 성과를 만들어낸다. 돌이켜보면 아침부터 밤늦게까지 강의든 상담이든 학원 관리든, 시키지 않아도 스스로 찾아서 했다. 힘들기도 했지만, 그것은 학원에서 꼭 필요한 인재라는 존재감을 갖게 해주었을 뿐만 아니라 스스로를 성장하게 해주었다. 이 글을 읽는 독자가 공무원 공부를 하거나 하고자 하는 사람이라면, 어차피 하려거든 열심히, 열정을 갖고 하기 바란다는 말을 해주고 싶다. 그러면 틀림없이 좋은 성과를 얻게 될 것이다. 인생에서 한 시간도 소중하지 않은 시간은 없다. 그 시간을 열정이라는 실로 수를 놓는다면 노력한 자체만으로 가치가 있는 일이다. 누가 몰라주어도 자신은 알며, 그것이 떳떳하게 어깨 펴고 살아가는 길이다. 그것이 자신을 보석으로 만드는 일이다.

03

나를 다듬는
시간들

공무원 학원의 1순위 업무는 상담이다. 그러나 스물세 살 어린 나이에 첫 사회생활도 부담스러운데 또래 혹은 나보다 나이가 많은 사람을 상대로 상담하는 것은 쉽지 않은 일이었다. 말을 버벅거리기도 하고 모르는 부분이 많아 인터넷 검색까지 동원하며 정신없는 상담을 하였다. 그러던 어느 날 상담 후 바로 학원 수강 등록으로 이어지는 쾌감을 알게 되었다. 그 후로 매일 퇴근 후 집에서 어머니와 곰돌이 인형을 앉혀놓고 상담 연습을 하고, 원장님의 상담을 참관하며 메모했던 것을 적용해보면서 자연스러운 상담을 진행할 수 있도록 노력하였다.

6개월 정도 지난 후에는 상담이 천직이라고 생각할 정도로 상담에 물이 오르기 시작하였다. 살면서 새로운 사람을 만나 편하게 대화를 나누는 것이 쉽지 않은데, 최소 1시간 정도 소요되는 상담을 하루에 5명 이상씩 진행하면서도 힘든지 모르고 배가 고픈지도 몰랐으니, 가히 상담에 미쳤다고 해도 과언이 아닐 것이다.

2013년부터 공무원 시험과목 개편으로 인해 고등학교 교과 과목이 시험과목으로 추가되면서 전체적으로 공무원 수험생의 연령대가 낮아지기 시작했다. 중, 고등학생의 상담 문의도 늘어나면서 학부모와 함께 상담을 오는 경우가 점점 많아지게 되었다. 처음에는 공무원 시험을 준비하는 당사자인 예비 수험생에게만 초점을 맞추어 상담을 진행했다. 그러다 보니 수험생과 함께 오는 학부모는 신경 쓰지 못했는데, 어느 순간 상담내용을 신뢰하지 못하는 학부모로부터 무시당하는 기분이 느껴졌다. 불신 가득한 말투로 상담 내용에 대해 부정적인 태도를 취하거나 의자 등받이에 기대어 어디 한번 떠들어 보라는 표정을 짓는 모습을 보며, 부담을 느끼게 된 것이다. 상담에 자신은 있었지만 앳된 모습과 특유의 애교 있는 목소리 탓에 전문성이 느껴지지 않은 것이라 생각하였다.

2014년 여름, 공무원 전문 상담컨설턴트가 되겠다는 목표로 CS(Customer Satisfaction) 강사 자격증 취득을 준비했다. 3개월간 매주 화요일, 목요일 저녁 퇴근 후 CS 강사 수업을 수강하였다. 매월 마지막 주에는 시범 발표가 있었는데 대상을 확실하게 공무원 수험생으로 설정한 후 면접 이미지메이킹에 초점을 맞추어 총 세 번의 시범 발표를 마무리하였다. 회사 생활과 병행하는 것은 생각보다 힘든 일이었지만 CS 강사 자격증을 취득하는 과정에서 많은 사람 앞에서 말하고 싶다는 욕구가 생겼다. 이후 공무원 수험생을 위해 공무원 설명회와 공무원 면접 준비를 본격적으로 시작했다. 처음 시작하는 수험생을 위한 공무원 설명회, 필기 합격자를 대상으로 하는 면접 이미지메이킹 특강, 자기소개서 첨삭, 실전 모의 면접 특강을 했다. 수험생에게 해주고 싶은 이야기를 다수 또는 개인에게 전달하는 것만으로도 큰 설렘이었고, 수험생으로부터 감사하다는 말을 들을 때 말로 표현할 수 없는 보람을 느꼈다.

공무원 설명회와 면접 이미지메이킹 특강을 담당하면서부터 실장으로 진급하였고, 학원에서 완전히 자리 잡게 되었다. 그 당시 수업에 들어가는 약 150여 명의 수험생 이름을 모두 외울 정도였다. 학원에 출근한 후부터 퇴근할 때까지 인사와 가벼운 안부를 전하는 것만으로도 하루가 지나갈 정도로 수험생 한 명 한 명이 소중하였다. 그리고 국가직 공무원 시험, 지방직 공무원 시험 당일에 시험장 앞에서 응원을 하다 보면, 현재 학원에 다니는 수험생뿐만 아니라 예전 수험생과 오랜만에 만나 인사하느라 바쁠 정도로 필자를 기억해주는 수험생도 많아졌다. 지금도 오랜만에 학원에 오는 친구들은 '키 크고 안경 낀 쌤(필자)'을 찾는다.

어느 날 슬럼프가 심하게 왔다. 일도, 상담도 하기 싫을 만큼 며칠 동안 스트레스와 씨름한 필자는 울산대학교 경영대학원에 입학을 결정하였다. 경영대학원 진학을 결정했을 때 주변 사람들, 심지어 친언니마저도 "일하는 데 필요도 없고 사업을 할 것도 아닌데 왜 비싼 돈을 들여가며 공부해?"라고 말했다. 하지만 현재에 안주하지 않고 성장하기 위해서는 새로운 변화가 필요했고 서른이 되기 전에 무언가를 성취하고 싶었다. 그리고 강단에 서서 누군가에게 좋은 강의를 해주기 위해서는 말에 신뢰를 얹어줄 배경이 필요했다.

대학원 생활은 CS 강사 자격증 과정과는 달리 매 학기 중간고사, 기말고사, 과제, 팀플레이 등 그만두고 싶을 정도로 힘들었지만, 학기마다 장학금을 타는 바람에 그만두지 못했다. 2년 6개월을 버틴 끝에 2018년 봄, 어머니와 언니에게 석사모를 씌워주며 졸업장을 품에 안았다.

이렇게 애사심이 강하고, 커리어를 쌓기 위해 노력하던 필자였지만 반복되는 일상 속에서 갈수록 업그레이드되는 진상 고객들로 인한 스트레스는 쌓여만 갔다. 그러던 중 당시 같이 일하던 직원이 교회 신자였는데, 나도 모르게

"나와 함께 기도해줄 수 있어요?"

라는 말을 하게 되었다. 함께 손을 잡고 기도를 하는데, 평소 종교에는 관심이 없었기에 처음에는 절박한 마음으로 기도를 했다.

"하나님, 전 하나님을 모르지만 제발 도와주세요. 집중할 수 있게 도와주세요. 도와주세요."

기도하니 알 수 없는 청량감이 몰려왔다. 그렇게 성경을 구매했고 혼자 성경을 읽기 시작했다. 어떻게 읽는지 모르니 펼쳐서 읽고 싶은 부분부터 읽기 시작했고 매일 밤 자기 전 무릎을 꿇고 앉아 기도했다. 2주 후부터 본격적으로 교회를 다니기 시작하였는데 매주 일요일 예배 가기 전, 세차하고 깨끗한 마음으로 교회에 갔다. 대예배가 끝나면 청년 예배를 하고 새신자 교육을 받으며 온종일 교회에 머물렀는데, 특히 찬양 시간을 제일 좋아했다. 그리고 목사님 말씀을 듣고 기도할 때면 어디선가 좋은 향기가 났는데, 그것은 다른 교회에 가도 느낄 수 있었다. 지금 생각해도 정말 좋은 향기였다.

지금은 아쉽게도 교회에 가지 않는다. 교회는 사람 따라가고 사람 때문에 그만둔다더니. 필자도 그 말을 피해갈 수는 없었나 보다. 하지만 종종 기독교 신자인 수험생이나 친구를 만나면 곧잘 따라가고는 한다. 그리고 집과 사무실에 각각 성경을 두고 힘들거나 기쁠 때 성경을 보거나, 차에서 CCM을 들으며 마음을 다스리곤 한다.

기독교, 천주교, 불교 등 종교를 떠나 우리가 신을 찾는 이유는 기댈 곳이 필요해서라고 생각한다. 신은 혼자서 더 이상 감당할 수 없을 때, 아무 대가 없이 나의 말을 들어주시는 분이다. 한바탕 그분에게 마음을 털어놓고 나면 한결 차분해지며 머릿속이 정리되는 것을 느낀다. 종교를 가지라는 말은 아니다. 하지만 간절하면 이루어진다는 말이 있지 않은가. 간절히 기도하면 누군가는 답을 준다.

대학원을 졸업하고 마음이 편해진 탓인지 작년에 들어가던 옷이 안 들어가고, 어쩐지 점점 편한 옷을 찾게 되고, 상담할 때 나도 모르게 자신감이 없어지는 것 같았다. 태어나서 처음으로 어머니로부터 살이 찐 것 같다는 소리를 듣자 더 이상 다이어트를 미룰 수 없음을 깨달았다. 3개월 동안 퇴근 후 월, 수, 금 필라테스와 수영, 화, 목 개인 PT를 하며 식단조절을 병행하였다. 친구와의 약속도 미루고 가족 모임도 최소한으로 줄였으며, 혹여 참석하더라도 음식은 절대 입에 넣지 않았다. 짜고 매운 것, 단 것 금지, 과일도 바나나와 토마토 이외에는 금지, 커피도 아메리카노 이외에는 금지. 단 것을 좋아하지만 개인 PT 수강료를 생각하며 오기로 참아냈다. 3개월 후 먹으면 안 되는 것을 먹은 적이 있는지 생각해보니 사돈 어르신이 주신 과자 한 조각, 손이 떨려서 먹은 사탕 한 개가 전부였다. 4년 전 큰 교통사고를 당해 척추를 다치고 나서부터는 한자리에 3분 이상 서 있는 것만으로도 감사하며 지내왔던 터라 운동에 대한 걱정이 컸다. 하지만 좋은 PT 트레이너를 만난 덕에 허리에 부담을 주지 않는 운동을 하였고, 그것은 근력 향상과 허리 강화에 많은 도움이 되었다. 필라테스와 수영은 근력과 체지방 감소 그리고 심신 안정에도 많은 도움이 되었다. 특히 수영은 초등학교 시절 3년 정도 했던 기억이 있어서인지 두려움 없이 쉽게 적응할 수 있었다. 물속에 있는 순간만큼은 모든 걱정이 사라지는 느낌이었는데 물속에 있으면 태아가 엄마 배 속에 있는 것 같은 느낌을 받는다고 한다. 수험생들에게 스트레스 해소를 위한 운동으로 수영을 적극 추천한다. 이렇게 다양한 운동과 식단조절을 통해 약 7

개월간 총 10kg을 감량하게 되었다. 물론 요요가 찾아왔지만, 더 이상 운동이 두렵지 않다. 그리고 많이 먹은 다음 날은 먹는 것을 적당히 조절할 수 있는 여유가 생겼다.

이처럼 CS 강사 자격증, 경영대학원 졸업, 체중 감량 등의 나를 다듬는 시간은, 앞으로 더 나은 스스로가 되기 위한 또 다른 도전의 계기가 되었다. '이걸 끝내고 나면 뭘 하지?'라는 고민을 하면서 5년 후, 10년 후, 20년 후의 자신을 떠올리며 하루를 의미 있게 보내고자 노력한다. 여러분도 공부하느라 지칠 때, 내가 지금 무엇을 위해 공부하고 있는지 허무할 때, 합격 후, 10년 후의 자신을 떠올리며 스스로 자극제를 만들어 앞으로 나아가기를 바란다.

04

드림 아지트

　　이렇게 주변 사람들과 단절된 생활을 하고 운동과 식단조절을 병행하며 다이어트를 하다 보니 혼자서 무언가를 이루기 위해 고군분투하는 것이 얼마나 힘든가를 느끼게 되었다. 그리고 자연스럽게 수험생들이 얼마나 힘들까에 대해 생각해 보게 되었다. 짧으면 6개월 길면 2년 이상 걸리기도 하는 공무원 수험생활, 부모님의 기대와 주변 사람의 눈초리에 수험생활의 고충을 마음 편하게 말할 곳이 없다. 이런 수험생의 마음을 이해할 수 있는 것은 학원뿐이라는 생각이 들었고, 수험생에게 의지가 될 수 있는 공간을 만들고 싶었다. 그렇게 해서 가볍게 들러 차 한잔하며 수험생활의 고충을 편하게 이야기 나눌 수 있는 '드림 아지트'가 만들어지게 되었다.

　꿈을 가진 사람들을 위한 공간이 되고 싶다는 뜻의 '드림 아지트'에서는 한 달에 한 번씩 수험생과 소통하는 시간을 가졌다. 걱정 인형 만들기, 컵 받침 만들기, 크리스마스 캘린더 만들기, 크리스마스 소품 만들기, 스킬 자수 등 손의 근육을 사용하여 집중력 강화와 스트레스를 해소할 수 있는 프로그램을 진행하였다. 요즘 성인 학습지 시장이 성황이라는 기사를 본 적이 있는데, 성인이 되고 나면 별다르게 성취감을 느낄 수 있는 기회가 적다. 그래서 더하기 빼기와 같은 쉬운 것을 통해 선생님에게 칭찬을 받는 것에 기쁨을 느끼거나, 스스로 만드는 DIY, 피규어 만들기 등을 통해 성취감을 느낀다고 한다. 만들기 수업의 경우 5명 이내의 소그룹으로 진행하였기에 함께 둘러앉아 만들기를 하며 수다의 장을 펼쳤다. 다른 수험생은 어떻게 공부하고 있는지, 학원에 건의사항은 없는지 등을 이야기하다 보면, 어느새 완성되어있는 작품을 보며 작은 것이지만 성취감을 느낄 수 있었다.

그러던 어느 날 한 수험생으로부터 혼자 공부하다 보니 누군가가 잔소리를 해줬으면 좋겠다는 요청이 들어왔다. "부모님은 잔소리하면 스트레스 받을까 봐 눈치 보시고, 강사님들은 열심히 하면 된다 하시고, 따끔하게 잔소리를 해줄 수 있는 분은 실장님뿐이에요." 이렇게 해서 기획된 '잔소리 특강'은 많은 인원이 오리라고 기대하지 않았다. 잔소리를 좋아할 사람은 없으니까 말이다. '5명만 와라, 그럼 잔소리는 조금만 하고 피자 시켜 먹어야지.' 라는 생각을 했는데, 웬걸! 잔소리 특강 당일 강의실에는 30명이 넘는 수험생이 앉아있었다.

'이렇게 잔소리를 듣고 싶어 한다니! 그렇다면 신나게 잔소리를 해주어야겠군!'

이날 잔소리 특강에서는 전국모의고사의 중요성, DISC 성격유형별 공부 방법 및 스트레스 해소 방법, 수험생에게 꼭 필요한 조언에 대해 함께 공유하였다. 전국모의고사의 중요성은 백번을 말해도 아깝지 않기 때문에 집중적으로 언급해주었다. 알고 있지만 실천하지 못하는 것을 또 이야기하는 것, 마치 이것만 보고 텔레비전을 끄려고 했는데 엄마가 텔레비전을 끄라고 말하는 것과 같은 것, 그야말로 정말 잔소리이다.

DISC는 성격유형 검사의 한 종류로 사람의 성격을 4가지로 분류하는 것이다. 성격별로 공부 방법이 다르기 때문에 자신의 성격유형을 파악하고 그에 맞는 공부 방법과 스트레스 해소 방법을 공유하였다. 공부에 지친 수험생에게 꽤 재미있는 활동이었는지 강의가 끝나고도 이 부분에 관해 물어보는 수험생도 있었다. 하지만 검사는 검사일 뿐, 사람마다 다르므로 검사 결과에 지나치게 의존하는 것은 옳지 않다. 마지막으로 수험생에게 꼭 필요한 조언에서는 아침밥을 꼭 먹어야 하는 이유, 수면 시간을 지켜야 하는 이유, 수험기간 동안의 정신 건강관리에 대해 공유하였다.

잔소리 특강에서 다룬 내용을 모르는 수험생은 없다. 우리는 초등학교 6년, 중학교 3년, 고등학교 3년, 대학교 4년 최소 16년 이상을 공부하면서 부모님에게, 교수님, 학교 선생님, 학원 선생님에게 꾸준히 들어왔던 말이다. 그런데 왜 공무원시험 공부에 적용하지 못하는 것일까? 공무원 시험이라고 다를 것이 없다. 자신을 믿고 조용하게 공부에 집중할 수 있도록 주변을 정리해야 한다. 그래도 공부가 되지 않는 수험생에게는 신나게 잔소리를 해줄 의향이 있다. 하지만 아무리 좋은 잔소리라도 자꾸 들으면 마음이 상하는 법이다. 잔소리를 듣기 전에, 힘든 수험생활이지만 자신을 칭찬해주고 다독이면서 더 나은 미래를 위해 오늘도 해야 할 공부에 집중하기 바란다.

드림 아지트의 핵심 프로그램은 '학습 인증반'이다. 다이어트를 위해 개인 PT 트레이너에게 메신저를 통해 식단과 운동을 체크받으면서 '수험생도 이렇게 관리를 해주면 좋겠다.'라는 생각을 하였다. 메신저를 통해 기상 인증, 공부 시작 인증, 학습량 인증, 공부 마감 인증 사진을 보내는 것이다. 이러한 방식은 인증 스터디나, 몇몇 친한 수험생끼리 하는 경우도 있다. 그러나 우리는 적은 금액이라도 돈을 내면 마음가짐이 달라진다. '돈을 냈으니 해야 한다'라는 압박감도 조금은 있다. 이렇게 시작한 학습인증 반은 의외로 수험생에게 좋은 평가를 받았다. 인증사진을 보내오면 수험생의 오늘 컨디션이나 날씨에 따라 적절한 조언을 해준다.

"쌤, 주말부터 아파서 오늘 제대로 공부를 못했어요. 해보려고 했는데 더 심해질 것 같아서 쉬었는데도 나을 기미가 안 보여요. 최대한 하는 데까지는 했는데 마음이 불편하네요."

"아프면 쉬어야죠, ㅇㅇ씨는 쉬기 싫다고 했는데 제가 쉬라고 한 거예요! 그렇게 생각하면 마음이 좀 편할 거예요. 제 탓하며 오늘도 파이팅!"

"그렇게 말씀해주셔서 감사합니다. 오늘도 많이는 못 하겠지만 노력하겠습니다!"

　인증이 제대로 되지 않으면 잔소리와 함께 응원해준다. 그리고 아프거나 약속이 있어 인증을 못 하는 날은 '허락'을 해준다. 아무리 수험생이라도 아프거나 약속이 생길 수 있는데, 종종 그날 아프거나 약속이 있어 공부를 못했다는 사실에 슬럼프에 빠지는 수험생이 있다. 그래서 '허락'을 해주는 것이다. 공부한 것을 확인하고 칭찬받고, 못하더라도 응원 받는 것은 수험생에게 큰 힘이 된다. 그리고 예기치 못한 일이 생겼을 때 '허락' 받거나, '탓'을 할 수 있는 것은 슬럼프 예방에 도움이 된다.

　그리고 드림 아지트에서는 여성 면접 정장 대여 서비스를 하고 있다. 다른 지역에는 여러 업체, 대학교, 시에서 취업준비생들을 위해 면접 정장 대여 서비스를 운영하는데 울산에만 없었다. 그래서 3년 전부터 생각만 하던 것을 드림 아지트를 통해 현실화하는 데 성공하였다. 지금도 꾸준히 문의와 대여가 이어지고 있으며 단골 고객도 생겼다. 사실 단골이 되면 계속 면접을 보러 다닌다는 말이니 마음은 아프지만, 좀 더 좋은 곳에 취업하기 위하는 과정이라고 생각한다. 드림 아지트의 여성 면접 정장 대여 서비스를 좀 더 확장하여 공무원 수험생과 더불어 취업 준비생들과도 함께 소통할 수 있는 공간을 만드는 것이 필자의 또 다른 꿈이다.

　드림 아지트에서 소그룹 만들기, 잔소리 특강, 설명회, 여성 면접 정장 대여 등 여러 프로그램을 진행하면서 느낀 것은 수험생에게 쉬는 시간이 필요하다는 것, 공통 주제로 함께 수다 떨 수 있는 사람이 필요하다는 것이다. 수험생들에게 힘이 되어주고 싶어 만들게 된 드림 아지트는 필자에게도 소중한 공간이고 수험생에게도 도움이 되었다고 생각한다. 그러나 여전히 밖으로 나오기 싫어하고, 자신의 고충을 남에게 털어놓기를 두려워하는 수험생에게는 무용지물이다. 이에 예비 수험생, 현 수험생 등 더 많은 수험생과 소통하기 위해 책을 내기로 결심하게 되었다.

02 CHAPTER

제 2 장
___
공무원 준비,
이것만은 알고 하자

02

"

빙산의 일각인
합격생은
실력과 절실함을
모두 가지고
있는 사람이다.

"

01

공무원,
왜 하려고 하세요?

처음 공무원 학원에 입사 후 원장님으로부터 상담 교육을 받을 때 들은 말 중에 기억나는 것은 이렇게 상담 교육을 받으면 그만두고 공무원 공부하는 직원이 있다는 것이다. 공무원 학원에 입사하기 전에는 공무원이라는 직종에 관해 관심이 없었던 필자는 이 말이 이해되지 않았다. 그런데 몇 년 후 상담 교육을 받은 직후 그만두었던 직원이 얼마 뒤 학원에 등록하러 온 것을 직접 경험하게 되었다. 아마 상담 교육에서는 일반적인 상담보다 심층적인 내용을 많이 다루다 보니, 다른 일을 하는 것보다는 공무원 공부를 하는 것이 더 낫겠다고 생각한 것이 아니었을까?

공무원 학원에 근무한다고 하면 많은 사람이 '그럼 공무원 공부해서 공무원 하면 되겠네!' 라는 말을 쉽게 한다. 언론이나 SNS 등에서 누구나 공무원에 합격할 수 있다고 말하고 있고, 필자 또한 상담이나 학원 광고를 할 때 그렇게 말을 했다. 그리고 이것은 사실이기도 하다. 하지만 9년간 다양한 사람에게 상담하면서 느낀 것은 '공무원은 아무나 하는 것이 아니야.' 라는 것이다.

공무원 시험공부가 어려워서가 아니다. 공무원 공부를 시작하는 것은 누구나 할 수 있다. 내신 성적이 좋지 않았던 사람도 합격할 수 있고, 토익을 쳐본 적이 없는 사람도 합격할 수 있다. 그중에서도 공무원이 되고자 하는 정확한 목표가 있는 사람, 그리고 공무원으로서의 PSM(공공서비스 동기)을 가지고 있는 사람은 단기 합격 가능성이 높다. 그리고 합격 후에도 공무원으로서의 만족도가 높다. 그러나 합격하는 사람보다는 불합격하는 사람이 더 많다. 그래서 공무원 시험공부를 상담하기 위해 찾아오는 사람에게 "공무원, 누구나 시작할 수 있지만 아무나 합격하는 것은 아닙니다."라는 말을 해준다. 그리고 공무원 시험 준비를 위해 학원으로 상담 오는 예비 수험생에게 가장 먼저 물어보는 것이 있다.

"왜 공무원을 준비하려고 하세요?"
이 질문에 대한 대부분의 예비수험생 답변은
"하하……"

하며 멋쩍은 웃음을 짓는다. 이 웃음에는 사람마다 여러 가지 의미가 담겨 있겠지만 내가 상담을 통해 느낀 의미는 두 가지이다. 첫 번째, 공무원 학원에 공무원 시험 상담 받으러 왔는데 왜 공무원을 준비하려고 하냐는 질문에 당황해서. 두 번째, 정확하게 이유를 설명하기는 힘들지만 달리하고 싶은 것도 없고 주변에서 다들 공무원 준비를 하니까.

상담을 오는 예비 수험생에게 왜 공무원을 준비하려고 하냐고 물어보는 이유는 예비수험생이 어떤 마음가짐을 가지고 있느냐에 따라 상담 방향을 잡아야 하기 때문이다. 또한 개인의 상황에 따라 최소 6개월에서 최대 3년까지 공부만 해야 할 수 있다. 20대, 가장 예쁘게 빛나야 할 시간을 오로지 시험공부에 전념해야 하는 만큼, 단순히 학원 안내로 끝나는 상담이 되어서는 안 된다는 것이 필자의 평소 생각이다. 정확한 목표설정, 동기부여, 더 나아가 합격 후 공무원으로서 가져야 할 마음가짐에 대한 것까지 알려주는 것이, 공무원을 배출하는 공무원 학원으로서 가져야 할 자세라고 생각한다.

우리가 주목해야 할 것은 두 번째, 정확하게 이유를 설명하기는 힘들지만 달리하고 싶은 것이 없는 경우이다. 공무원 시험을 준비하고자 하는 데는 각자의 이유가 있겠지만, 달리하고 싶은 것이 없다고 생각해서 공무원을 선택하는 경우의 대표적인 것이

　-대학 진학 후 전공이 마음에 들지 않는 경우

　-4년 동안 전공을 공부했지만, 전공을 살려 취업하기 막막한 경우

　-취업 준비를 했지만 현실의 벽에 부딪힌 경우

　-공무원 시험이 대한민국에서 가장 공정한 시험이라고 생각하는 경우

등이다.

"왜 공무원을 준비하려고 하세요?"
"딱히 하고 싶은 게 없어요."

차라리 "안정적이니까요." 또는 "부모님이 하라고 해서요."라는 대답이었다면 좋을 텐데. 2~30대 꽃다운 나이에 딱히 하고 싶은 게 없어서 공무원을 준비한다는 답변은 마음이 아프다. 함께 상담 온 부모님도 안타까운 눈으로 자녀를 바라보지만 그렇다고 무언가를 권유할 수도 없다. 이 부분은 말을 꺼내는 순간 부모와 자녀 서로에게 스트레스나 상처를 줄 수 있기에 선뜻 말을 꺼내기 힘든 것이 사실이다. 그러나 공무원을 생각하고 있는 예비 수험생에게도, 예비수험생 자녀를 둔 부모님에게도 한번은 짚고 넘어가야 할 중요한 부분이다.

남자 수험생 A가 아버지와 함께 상담을 왔다. 아버지는 아들이 어떤 성향을 가졌는지는 상관없이 주변에서 경찰 공무원이 쉽다는 이야기를 들은 듯했다. 심지어 꼭 그렇지만은 않다는 필자의 의견도 무시하면서까지 아들에게 경찰공무원 수강을 강요하고 있었다. 그러나 A는 가벼운 질문에도 쑥스러워하며 대답을 어려워하는 내성적인 성격인 것 같았다. 여러 공무원 직렬을 안내하면서 A가 직접 직렬을 선택할 수 있도록 유도하였으나, 끝내는 아버지 뜻대로 경찰공무원 수강을 등록하였다. 등록 후, A는 자주 수업을 결석하더니 결국 소리소문 없이 학원에서 자취를 감추고 말았다. 만약 직렬 선택을 좀 더 신중하게 했다면 어땠을까? 물론 자신이 원하지 않는 직렬이라도 열심히 공부하면 합격할 수 있다. 하지만 합격한 후, 그만두지 않는 이상 최소 35년은 근무해야 하는데 과연 원하지 않는 직렬의 공직생활이 즐거울 수 있을까?

한 여자 수험생 B의 경우는 서울 소재 대학을 졸업하고 해외 유학도 다녀왔으며 유니세프에서 일하는 것이 꿈이었다. 하지만 부모님의 강력한 반대로 인해 부모님이 원하는 공무원을 준비하고자 학원에 상담을 왔으나, 아직도 자신의 꿈과 부모님의 권유 사이에서 갈등하고 있었다. 밝은 성격에 웃으며 말하지만 쓸쓸한 눈빛을 보며 필자는 상담 파일을 덮고, 이런저런 이야기를 나누기 시작했다. 왜 유니세프에서 일하고 싶은지, 부모님은 왜 반대를 하는 것 같은지 등 대화를 나눈 후 마지막으로 한 번 더 부모님을 설득해 보는 게 어떻겠냐고 조심스럽게 제안하였다. 그리고 어떻게 하면 부모님을 설득할 수 있을지에 대해 함께 고민하며 상담을 마무리하였다. 그 후 학원에 등록하러 오지 않았으니 지금 B가 유니세프에서 일하고 있는지, 다른 곳에서 일하고 있는지 모르겠지만 후회하지 않는 선택을 하고 본인이 원하는 멋진 삶을 살아가고 있기를 기대한다.

눈빛이 맑은 한 수험생 C와 경찰공무원 상담을 하게 되었다. 대화를 해보니 착하고 순한 성격을 가졌기에 경찰공무원을 준비하려는 계기가 궁금하여 물어보았다.

"다른 직렬도 많은데 왜 경찰공무원을 준비하려고 하세요?"

"아버지와 형이 현직 경찰입니다."

"그렇군요! 경찰공무원이 되어야 하는 이유가 너무 강렬한데요?"

"네, 아버지와 형을 보면서 저도 아버지와 형처럼 멋진 경찰이 되고 싶어요."

"조만간 경찰 가족이 탄생하겠네요. 화이팅!"

초롱초롱한 눈빛으로 웃으며 말하던 이 남학생은 학원에 등록하였고, 항상 밝은 모습으로 인사하고 수업도 열심히 듣는 모습을 보였다. 그리고 다음 해 경찰공무원에 최종 합격하였다. 아버지와 형이 경찰공무원으로서 많은 응원을 해준 것이 합격할 수 있는 원동력이 되었을 것이다.

예비 수험생에게 공무원 시험을 준비하려고 하는 이유를 물어보면 심심치 않게

–주변의 친구가 합격했기 때문에 나도 준비하는 경우

–집안이 공무원 집안이어서 준비하는 경우

–주변에서 공무원 시험이 어렵지 않다고 부추기는 경우

를 들을 수 있다. 주변에 가족이나 친척 중 공무원으로 재직 중인 사람이 있을 때, 공무원 시험을 준비하게 되는 경우가 많다. 이것은 수험생에게 득이 되기도 하고 실이 되기도 한다. 가장 가까운 가족이나 지인이 현직 공무원으로서 이런저런 이야기를 해주고, 응원과 함께 적극적으로 도와준다면 좋은 시너지 효과가 발생하여 합격할 가능성이 높다. 그러나 '누구는 6개월 만에 합격했으니 너도 올해 합격할 수 있겠지?' 등의 응원 같지 않은 응원을 하게 되면 수험생은 스트레스를 받게 된다. 가족 중 혹은 가까운 지인 중 공무원이 있고, 그로 인해 공무원 시험을 준비하게 된 수험생이라면 주변의 말을 너무 귀담아듣지 말기 바란다. 일일이 그런 말에 화를 내며 에너지를 낭비할 필요가 없다. 넓은 마음을 가지고 좋은 의도로 해석하고, 합격한 후 '너의 응원 덕분에 합격하게 되었어, 고맙다.' 라는 말과 함께 한턱내겠다는 마음으로 공부에 집중하면 좋은 결과가 생긴다. 그리고 가족, 친구, 친척 등 주변에 공무원 시험을 준비하는 수험생이 있다면 어설픈 응원보다는 "화이팅!"이라는 한 마디가 수험생에게 더 힘이 된다는 것을 기억하자.

공무원 시험 준비를 하는 사람은 많다. 그만큼 경쟁률도 높은 것이 현실이다. 자의에 의해서 시작해도 합격하기 쉽지 않은 시험을, 타의에 의해, 주변 환경에 의해, 사회적 분위기에 휩쓸려 반강제적으로 준비하는 것은 쉬울 리만무하다. 반면에, 공무원이 되려는 뚜렷한 목표를 가지고 오는 사람도 있다. 학원에 처음 문을 두드렸지만, 누구의 강요에 의해서가 아닌 자신만의 공무원에 대한 소신이 있는 사람이다. 그들은 대체로 공무원이 되어 취업 문제를 해결하겠다는 의미를 넘어서 어릴 때부터 공무원에 뜻을 둔 사람이다. 가령 어릴 때부터 경찰이 되어 나쁜 사람을 잡고 싶다는 막연한 생각이 성장하면서 경찰공무원이 되고 싶다는 구체적인 지원동기로 확정된 경우이다. 또한, 성인이 된 후 이런저런 공부를 하거나 일을 하다 보니 공무원이 되어 국가와 사회에 헌신하고 싶다는 소명 의식을 확고하게 갖춘 경우도 있다.

사실 딱히 하고 싶은 게 없어서 공무원을 준비하는 것은 전혀 문제 될 것이 없다. 안정적인 직장을 원한다면 이보다 좋은 직업이 어디 있겠는가. 취업의 한 부분이니 전혀 문제 되지 않는다. 그러나 공무원은 누구나 준비할 수 있지만 아무나 되는 것은 아니다. 공무원이 되기 위해서는 지원 동기가 뚜렷해야 한다. 구체적 의식 없이 취업을 위해 공무원 시험 준비를 하더라도, 준비와 동시에 공무원이 되어 국가와 국민에게 봉사하겠다는 최소한의 신념을 가지고 시작해야 한다. 확실한 지원동기가 있어야 힘든 수험생활을 이겨내고 합격할 수 있다. 남들이 다 하니까, 딱히 하고 싶은 게 없어서, 기업에 들어갈 능력이 안 돼서 등의 이유로는 버텨내기 힘든 것이 공무원 수험생활이다.

공무원 시험을 준비하는 수험생을 '공시생'이라고 한다. 그러나 공시생은 막막한 취업난의 도피처가 아니다. 앞에 행복이 있을지 막다른 길이 있을지는 아무도 모른다. 아무리 생각해도 지원동기가 생각나지 않는다면 공무원으로서의 기본자세를 생각해보자. 공무원은 국가와 국민을 위해 봉사하며, 성실의무, 복종 의무, 친절공정의무, 비밀엄수의무, 청렴의무, 품위유지의무 6가지 의무를 진다. 또한 PSM(공공 봉사 동기)가 높을수록 공무원의 직무 만족이 높다고 한다. 공무원으로서의 기본자세를 마음에 새길 수 있다면 그 자체만으로도 지원동기가 된다. 확실한 지원동기가 있어야 합격할 가능성이 커지고, 합격 후에도 빠르게 직무에 적응하고 정년까지 일할 수 있는 인내가 생긴다. 우리는 공시생이 아니라 공무원이 되어야 한다.

02

공무원 9급과 7급을
동시에 준비해도 될까요?

종종 9급 공무원과 7급 공무원을 동시에 준비하고 싶다고 말하는 예비 수험생이 있다. 보통 9급 합격 후 7급까지 진급되기를 기다리는 것이 비효율적이라고 생각하거나, 나이 때문에 9급보다는 7급이 더 낫다고 생각하는 경우이다. 여기에서 공무원 승진제도를 잠시 살펴보면 공무원 승진은 결원이 생겼을 때 하위 직급에 재직하는 공무원을 상위 직급에 임용하는 것을 의미한다. 그렇기에 상위 직급에 결원이 없다면 진급할 수 없다. 공무원 승진에는 심사 승진과 시험 승진, 근속 승진, 경쟁 승진 등이 있다. 그리고 승진 자격은 최저 연수(한 직급에 종사한 연수)가 있다. 9급에서 8급은 1년 6개월이 지나야 하고 8급에서 7급은 2년이 지나야 한다. 이는 말 그대로 최저 연수이지 그 기간이 지났다고 승급됨을 의미하는 것은 아니다. 그리고 실제로 최저 연수보다는 진급하는 기간이 오래 걸린다.

합격까지의 수험기간은 개개인의 차이가 있지만, 평균적으로 9급은 6개월 ~2년, 7급은 2년~4년이다. 9급의 시험과목은 5과목, 7급의 시험과목은 7과목이며, 시험과목의 기본적인 이론은 동일하지만, 내용에 대한 깊이와 문제 난이도는 7급이 훨씬 어렵기에 평균 합격 기간이 차이가 날 수밖에 없다. 그런데도 꼭 9급과 7급을 동시에 준비하고 싶다면, 난도가 높은 7급에 맞추어 공부하는 것이 좋다. 하지만 그렇게 하다 보면 당연한 이야기겠지만 수험기간이 길어진다. 9급에 맞추어 공부한다면 1년 이내에 합격할 수 있는 것을, 7급에 맞추어 공부하면 합격까지 2년 이상이 걸릴 수 있다는 말이다. 또한 9급을 준비할 수 있는 공무원학원은 웬만한 지역에 2~3개씩 존재하지만, 7급을 완벽하게 준비할 수 있는 공무원학원은 서울에 있는 경우가 많다. 그래서 지방에 거주하는 수험생은 선뜻 움직이기 힘들다는 단점이 있다.

"조금만 더 하면 7급에 합격할 수 있을 텐데. 내가 저기에 있을 수 있었는데."

어디에서 공부하든지, 수험기간이 얼마가 걸리는 지보다 중요한 것은, 대다수의 수험생과 다른 길을 걷는 만큼 합격할 수 있다는 의지이다. 그러나 9급과 7급을 동시에 준비하다가 7급이 떨어지고 9급에 합격하게 되면 7급에 대한 미련을 버리기 힘들다. 7급에 대한 미련 때문에 9급 공무원으로서 근무를 시작하게 되더라도 업무에 집중하기 힘들고 조직에 적응하기 힘들다. 따라서 9급이면 9급, 7급이면 7급, 딱 정해서 시작하는 것이 좋다. 어느 것이든 한 가지 목표에 집중하면 합격 기간은 짧아진다.

직렬 선택을 못 하겠어요.
어떤 직렬을 선택해야 할까요?

공무원 직렬 선택에 정답이 있는 것은 아니다. 하지만 20살에 합격했다면 최소 40년을 근무해야 하는 만큼 최대한 본인의 적성과 가치관에 맞추어 직렬을 선택하는 것이 좋다. 9급 공무원 직렬에는 일반행정직, 교육행정직, 세무직, 사회복지직, 간호, 소방, 경찰, 군무원, 기술직 등 다양한 직렬이 있다. 또한 한 직렬에는 여러 근무처가 존재한다. 예를 들어 일반행정직의 합격 후 근무처는 국가 중앙부처, 시청, 도청, 읍, 면, 동 사무소이고, 각 근무처 안에 다양한 부서들이 존재한다. 우리가 어느 곳, 어느 부서로 발령받을지 알 수 없기 때문에 최소한 직렬만큼은 본인의 적성에 맞게 선택해야 한다. 그리고 원하는 부서가 있다면 면접에서 적극 어필할 수 있도록 한다. 그리고 건축, 전기, 토목 등의 직렬은 기술직으로 분류되는데 보통 대학에서 해당 직렬과 관련된 전공을 공부한 전공자가 대부분이다. 그래서 전공을 살려 직렬을 선택할지, 전공을 포기할 것인지에 대해 고민하는 경우가 많다. 전공임에도 불구하고 직렬을 고민한다는 것은, 자신의 전공에 맞는 직렬이 자신과 맞지 않음을 보여주는 것일 수 있으므로 깊게 고민해보는 것을 추천한다.

만약 여러 방면에서 고민을 해보아도 결론이 나지 않는다면, 크게 행정/경찰/소방/군무원 네 가지 중 하나를 먼저 선택한다. 그리고 행정을 선택했다면 선택과목을 행정학, 사회(수학, 과학)로 선택하는 것을 추천한다. 현재 일반행정, 세무, 교육행정, 검찰사무 등 행정직군의 경우 대부분의 직렬에 행정학과 사회가 공통으로 포함되어 있기 때문이다. 일단 공부를 시작하는 것이 중요하므로, 최종 직렬 선택은 공부하면서 차차 선택해도 늦지 않다.

"직렬 선택은 하셨나요?"

"아직 결정 못 했어요."

"보통 전공이나 적성에 맞춰서 선택하는데, 생각해 보신 건 없으세요?"

"합격선이 제일 낮은 게 어떤 직렬이에요?"

간혹 직렬 선택 시, 합격만 하면 된다는 생각으로 합격선이 낮은 직렬을 선택하는 경우가 있다. 이런 경우는 인터넷에서 여러 가지 직렬에 대한 소개와 함께 합격선이 낮아 누구나 준비할 수 있다는 광고성 블로그를 보고 오는 경우가 많다. 그러나 합격선이 낮다고 해서 내가 합격할 수 있는 가능성이 높은 것은 아니다. 작년까지는 합격선이 낮았지만, 올해의 합격선은 몇 점이 될지 아무도 모르는 일이다. 그리고 어찌어찌 합격하더라도 적성에 맞지 않으면 퇴직을 고민하는 경우도 있다. 실제로 공무원으로 재직 중이면서 다른 직렬을 준비하거나 이직을 준비하는 경우를 종종 보게 된다. 따라서 주변 지인의 말, 인터넷에 떠도는 불확실한 정보 등에 휩쓸리지 말고 본인만의 확고한 신념으로 직렬을 선택하는 것이 좋다.

직렬 선택 TIP

1. 자신의 대학 전공을 살릴 수 있는 직렬을 찾아본다.

2. 대학 전공과 상관없이 자신이 하고 싶은 직렬을 찾아본다.

3. 일의 특성을 알아보고 자신의 성향에 맞는 직렬을 찾아본다.

　　외향적이고 정의감이 크다면 경찰/소방 추천

　　내향적이지만 사람을 좋아한다면 행정직렬 추천

4. 합격선이 낮다고 해서 내가 합격할 수 있는 것은 아니다.

04

선택과목은 무엇이며,
어떤 과목을 선택해야 할까요?

"선택과목은 어떻게 선택하는 게 좋아요?"

"제일 쉬운 과목은 뭐에요?"

"영어는 안 할 수 없나요?"

현재 국가직, 지방직 공무원 시험과목은 일반행정의 경우 국어, 영어, 한국사 필수 3과목과 행정학개론, 행정법총론, 사회, 과학, 수학 중 2과목을 선택하여 총 5과목이다. 국어, 영어, 한국사 필수과목은 말 그대로 필수과목이므로 하기 싫다고 해서 안 할 수 있는 과목이 아니다. 선택과목은 일반행정과 교육행정을 제외한 세무직, 사회복지직, 검찰사무직 등의 나머지 직렬의 경우 행정법이 제외되고, 전문과목이 추가되므로 선택과목이 다를 수 있다. 그리고 기술직은 선택과목 없이 해당 직렬의 전문과목이 정해져 있다.

기술직의 경우 선택의 여지가 없기 때문에 선택과목을 선택해야 하는 부담은 없지만, 결국 전공자들 간의 경쟁이므로 만만하게 볼 수는 없다. 이렇게 기술직과 몇 가지 직렬을 제외한 대부분의 직렬에 공통으로 들어가는 선택과목은 행정학, 행정법, 사회, 과학, 수학이다. 그래서 행정직군에 있는 직렬을 선택하는 예비 수험생은 선택과목을 선택하는 데 어려움을 겪는다. 그다지 사회, 과학, 수학에 흥미가 없는 데다가 행정학, 행정법은 어려워 보이기 때문에 무엇을 선택해야 할지 고민에 빠지게 되는 것이다.

"선택과목은 결정하셨나요?"

"우리 아이는 이번에 수능을 쳐서 수학(또는 과학)을 잘해요. (자녀를 쳐다보며) 그렇지?"

가장 먼저 고려해야 할 과목은 수학, 과학이다. 수학, 과학의 경우 고등학교 내신이나 수능 점수가 높은 경우가 아니라면 추천하지 않는다. 보통 고등학교를 막 졸업한 예비수험생이 수학, 과학을 선택하는 경우가 많은데, 졸업한 지 얼마 되지 않았다고 해서 이 두 과목을 잘하는 것은 아니다. 또한 이과를 나왔다고 해서 수학, 과학을 잘하는 것도 아니다. 수학의 출제범위는 수학Ⅰ, 미적분, 통계까지로 수학에 대한 관심이 보통 이상일 때 선택하는 것이 좋다. 그리고 과학의 출제범위는 물리, 지구과학, 화학, 생물이므로, 어느 하나라도 자신 없는 과목이 있다면 깊이 생각해보는 것이 좋다. 고등학교 3년 내

내 안 되던 것이 공무원 시험을 준비한다고 갑자기 되는 것이 아니기 때문이다. 종종 이과를 나왔으니 당연히 수학, 과학을 선택해야 한다고 말하는 부모님이 있다. 이때 자신의 의견을 정확히 전달하여 원하는 과목을 선택하는 수험생도 있지만, 부모님에게 등 떠밀리듯이 수학, 과학을 선택하는 경우가 있다. 그러나 부모님에게 등 떠밀리듯이 선택하는 수험생은 대부분 시간이 지난 후 시험 과목을 바꾸게 되는 경우가 많다. 반대로 수학, 과학이 자신 있는 수험생이라면 이 두 과목을 전략 과목으로 삼으면 전체적인 수험기간을 줄이는 데 도움이 된다.

"행정학, 행정법은 행정학과 나와야지 할 수 있는 거 아니에요?"
"행정학, 행정법은 너무 어려울 것 같은데요?"

수학, 과학 두 과목을 선택과목으로 선택할 것인지 아닌지 결정하였다면 다음은 행정학, 행정법, 사회이다. 대다수의 수험생은 수학, 과학을 제외하고 행정학, 행정법, 사회 중에서 2개를 선택하는 경우가 많다. 행정학, 행정법은 행정학과 출신이 아니라면 누구나 생소하게 느껴질 수 있다. 사회는 사회·문화, 법과 정치, 경제 세 파트를 다루기 때문에 문과 출신이라 할지라도 이 세 파트 모두를 잘하거나 고등학교에서 수업을 들었던 경우는 드물다. 필자가 9년 동안 공무원학원에 있으면서 세 파트 중 두 파트를 고등학교 때 수업을 들었다고 한 수험생은 열 손가락 안에 꼽을 정도이다. 따라서 행정학, 행정법,

사회 중에서 과목을 선택할 때는 과목 특성보다 자신의 공부 성향에 따라 결정하는 것을 추천한다. 지금까지 상담사례를 보면 평소 내용을 이해하고 그대로 암기하는 것을 잘하는 성향의 수험생은 행정학, 행정법을 선택하는 경우가 많았다. 그리고 기본 이론을 바탕으로 문제에서 답을 찾는 것을 잘하는 성향의 수험생은 사회를 선택하는 경우가 많았다. 물론 개인적인 경험과 견해이므로 참고만 하기 바란다. 선택과목은 좋아하거나, 조금이라도 배운 적이 있는 것을 선택하는 것이 아니다. 1년이라도 빨리 합격할 수 있도록 단기 합격할 수 있는 과목을 선택하는 것이다.

선택과목을 선택하는 경우의 수 비율 순서(행정직군)

1. 행정학, 사회

2. 행정학, 행정법

3. 행정법, 사회

4. 사회, 수학

5. 행정학, 수학

6. 수학, 과학

7. 나머지 경우의 수를 선택하는 수험생은 극히 드물다.

"전문과목은 무조건 선택해야 하는 거 아니에요?"

"전문과목 선택 안 하면 면접에서 불이익 있는 거 아닌가요?"

세무직, 교육행정직, 검찰사무직, 사회복지직 등 선택과목에 행정학, 행정법, 사회, 과학, 수학과 함께 전문과목이 포함되어 있는 직렬이 있다. 이런 직렬을 선택하는 수험생은 전문과목을 선택해야 하는지에 대한 고민에 빠지게 된다. 예를 들어 세무직의 선택과목은 세법개론, 회계학, 사회, 과학, 수학, 행정학개론이다. 그리고 세무직은 국가직의 경우 채용인원이 많은 편이라 회계 전공자가 아닌 수험생도 행정학, 사회, 과학, 수학 중 2과목을 선택하여 준비하기도 한다. 그러나 문제는 회계 전공자이다. 전공이기 때문에 회계과목이 싫지 않지만 어려운 전문과목과 많은 사람이 선택하는 과목 중에서 어떤 것을 선택할지에 대해 고민하는 것이다. 대부분의 직렬의 선택과목에 행정학, 사회, 과학, 수학이 포함되어 있기 때문에, 전공 여부와 상관없이 직렬을 선택하는 경우가 많아지고 전문과목을 선택하는 비율이 감소하고 있다. 전공과 상관없이 최대한 수험기간을 단축할 수 있는 과목을 선택하는 것이다. 어쩌면 이것이 현실적인 방법일 수 있다. 따라서 어떤 과목을 선택하더라도 면접에서 불이익은 없으며, 전문과목을 선택하지 않더라도 면접에서 전공자인 것과 업무 내용에 대한 것을 충분히 어필한다면 좋은 결과가 있을 것이다.

05

조정점수가
무엇인가요?

조정점수란 2013년부터 선택과목이 포함되면서 행정학개론, 행정법총론, 사회, 과학, 수학 각 과목의 내용과 난이도가 다르므로, 과목 간 형평성을 주기 위해 도입한 제도이다. 조정점수는 필수과목에는 해당하지 않으며 선택과목 중 자신이 선택한 두 과목에만 적용된다. 계산 공식은 내가 선택한 과목의 점수에서 내가 선택한 과목의 평균점을 빼고, 이것을 내가 선택한 과목의 표준편차로 나눈 뒤, 곱하기 10을 하고 더하기 50을 한 것이다.

① 평균과 표준편차가 동일한 경우

응시자	취득점수	평균점수	표준편차	조정점수
A	100	60	15	{(100−60)/15}×10+50=76.7
B	90	60	15	{(90−60)/15}×10+50=70
C	80	60	15	{(80−60)/15}×10+50=63.3

평균점이 60, 표준편차가 15로 동일할 때, 취득점수가 100점인 응시자 A
의 조정점수는 76.7점이다. 그리고 취득점수가 80점인 응시자 C의 조정점수
는 63.3점이다. 즉, 표준편차와 평균점이 동일할 때 응시자가 취득한 점수가
높을수록 조정점수가 높게 나타난다. 조정점수는 공식에서 유일하게 변하지
않는 '나의 점수'에 따라 달라지므로, 어느 과목을 선택하느냐보다 최대한 내
가 할 수 있는 최고득점을 받는 것이 중요하다.

② 모든 응시자가 100점을 받았으나 과목 평균이 다른 경우

응시자	취득점수	평균점수	표준편차	조정점수
'가' 과목을 응시한 A	100	50	15	{(100−50)/15}×10+50=83.3
'나' 과목을 응시한 B	100	60	15	{(90−60)/15}×10+50=76.7
'다' 과목을 응시한 C	100	70	15	{(100−70)/15}×10+50=70

다른 과목을 선택한 응시자 A, B, C 모두 100점을 받은 경우, '가' 과목을
선택한 응시자 A의 조정점수는 83.3점이지만 '다' 과목을 선택한 응시자 C의
조정점수는 70점이다. 선택과목의 평균점수가 낮을수록 높은 조정점수를 받
을 수 있고, 선택과목의 평균점수가 높을수록 낮은 조정점수를 받는 것이다.

③ 모든 응시자가 100점을 받았으나 표준편차가 다른 경우

응시자	취득점수	평균점수	표준편차	조정점수
'가' 과목을 응시한 A	100	60	10	{(100−60)/10}×10+50=90
'나' 과목을 응시한 B	100	60	15	{(100−60)/15}×10+50=76.7
'다' 과목을 응시한 C	100	60	20	{(100−60)/20}×10+50=70

다른 과목을 선택한 응시자 A. B C 모두 100점으로 동일하고, 세 과목의 평균점수가 동일한 경우, 표준편차가 10으로 가장 작은 '가' 과목을 선택한 응시자 A의 조정점수가 90으로 가장 크고, 표준편차가 20인 '다' 과목을 선택한 응시자 C의 조정점수는 70점으로 가장 낮다. 표준편차는 응시인원이 늘어날수록 작아지게 되므로, 표준편차가 작은 과목을 선택한 응시자가 높은 조정점수를 받게 된다. 표준편차가 작은 과목은 많은 사람이 선택하는 과목이다.

"수학이나 과학을 선택하는 게 유리하지 않나요?"

수능을 응시한 지 얼마 되지 않아 수학/과학을 선택과목으로 고려하는 예비수험생이 늘어나고 있다. 그러나 9년간의 상담 경험으로 볼 때, 100명 중 2명 정도가 수학을 선택하고 200명 중 1명이 과학을 선택한다. 그만큼 선택과목으로 수학/과학을 함께 선택하는 경우는 거의 없다. 수학/과학의 경우 수능이나 내신 점수가 1~2등급 정도 되는 수험생으로 이루어져 있어 평균점수가 높다. 그리고 선택하는 수험생이 매우 적으므로 표준편차가 높다. 즉, 다른 과목을 선택한 수험생과 똑같은 점수를 받아도 평균점과 표준편차가 높아 조정점수는 낮게 나올 확률이 높다. 하지만 꼭 그런 것은 아니다. 수학/과학에 대해 100점을 맞을 자신이 있다면 수학/과목을 전략 과목으로 삼을 수 있다. 그렇게 되면 다른 과목을 공부하는 시간이 다른 수험생에 비해 늘어나므로 전체적인 과목별 점수를 높일 수 있다. 그러나 수학/과학은 100점을 맞는다는 확신이 있다면 단기 합격할 가능성이 있지만, 절대 방심해서는 안 되는 과목이다.

또한 과락의 경우 원점수와 조정점수 두 점수 중 하나만 과락 40점을 넘으면 된다. 종종 원점수는 과락을 면했지만, 조정점수가 과락인 경우가 있을 수 있다. 그러나 원점수가 과락인데 조정점수가 과락이 넘는 경우는 희박하다.

"조정점수에서 유리한 과목은 뭐에요?"
"조정점수에서 유리한 과목은 없습니다."
"아니, 그래도 조금이라도 유리한 게 있을 거 아니에요?"

대부분의 수험생이 가장 궁금한 것은 조정점수에서 유리한 과목은 무엇인가이다. 고득점에서 유리한 과목을 선택하기 위해서는 위의 예시처럼 첫 번째, 높은 점수를 획득할 수 있는 과목을 선택한다. 두 번째, 평균이 낮은 과목을 선택한다. 세 번째, 표준편차가 작은 과목을 선택한다. 그러나 어느 과목이 쉽고 어렵고를 논하기 어려우며, 조정점수를 구하기 위한 평균점과 표준편차가 과목별로 다르다. 그리고 매년 시험마다 과목별 난이도, 조정점수, 평균점, 표준편차가 달라지므로, 조정점수에서 유리하거나 불리한 과목은 없다. 다만 표준편차가 작은 과목은 많은 사람이 선택하는 과목이라고 볼 수 있으므로, 다수의 수험생이 선택하는 과목을 선택하는 것이 도움이 될 수 있다. 그리고 필기시험 발표 시 과목별 원점수는 공개되지 않고 조정점수를 포함한 5과목의 총 점수만 발표되므로 조정점수를 예측하기란 어렵다. 따라서 조정점수는 공무원 수험생으로서 어떤 방식으로 계산이 이루어지는지만 참고하고, 개인의 소신에 따라 선택한 과목에 대해 최대한 높은 점수를 취득할 수 있도록 노력하여야 한다.

06

두 가지 직렬을
함께 준비할 수 있나요?

공무원 시험을 준비할 때는 처음부터 직렬 하나를 정하고 끝까지 밀고 나가는 것을 추천한다. 그러나 선택과목이 겹치면서 시험 일자가 다른 경우, 종종 두 가지 직렬을 준비하는 경우도 있다. 선택과목의 선택과 직렬별 시험 일정에 따라 다양한 경우의 수가 있지만, 수험생이 가장 많이 준비하는 경우의 수를 몇 가지 살펴보자.

먼저 선택과목을 행정학, 행정법, 사회 중 2개를 선택하면 일반행정직, 사회복지직을 함께 준비할 수 있다. 그러나 사회복지직의 경우 사회복지사 자격증 2급 이상을 소지해야 하며, 사회복지직의 필기시험 일자가 국가직 일반행정직 시험 일자와 동일한 경우가 있기 때문에 유의해야 한다. 그리고 선택과목을 행정학, 행정법 2개를 선택했다면, 일반행정직, 사회복지직, 군무원을 함께 준비할 수 있다. 그러나 군무원의 경우 영어, 한국사는 자격증으로 대체하고 있고, 근무 지역을 선택할 수 없다는 점을 유의해야 한다. 또한 행정법, 사회 2개를 선택했다면, 일반행정직, 사회복지직, 소방공무원을 함께 준비할 수 있다. 그러나 소방공무원의 경우 체력시험이 있고, 국가직 일반행정직, 사회복지직과 필기시험 일자가 같은 때가 있음을 유의해야 한다. 이 경우 국가직 일반행정과 사회복지직과 소방공무원 중 하나를 응시하고, 지방직 일반행정을 응시한다.

마지막으로 경찰공무원을 다른 직렬과 함께 준비하고 싶다면 선택과목을 국어, 사회, 과학, 수학 중 2개를 선택하는데, 국어는 행정직군의 필수과목이므로 국어를 포함하고 나머지 선택과목 중 1개를 선택한다. 그리고 보통 경찰공무원과 함께 준비하는 직렬은 교정직이나 검찰직으로, 형법, 형소법 과목이 겹치기 때문에 형법, 형소법 중 1개와 사회, 과학, 수학 중 1개를 선택할 수도 있다. 그러면 영어, 한국사 필수과목 2개와 형법, 형소법, 경찰학개론, 국어, 사회, 과학, 수학 중 경찰학개론을 제외하고 국어를 포함한 나머지 2개, 총 3개를 선택하여 총 5과목을 공부하게 된다. 그러나 경찰은 필기 점수도 중요하지만 필기 합격 후 체력, 적성검사, 개인면접, 집단면접, 가산점까지 챙겨야 하므로 다른 직렬과 병행하기는 쉽지 않다는 것을 유의해야 한다. 그리고 2022년 1차 시험부터 경찰공무원 시험과목이 개정될 예정이다. 경찰공무원 순경공채를 준비하는 경우, 선택과목이 폐지되고 영어(검정제), 한국사(검정제 또는 절대평가), 형법, 형사법, 경찰학으로 개정된다.

이렇게 두세 가지 직렬을 함께 준비하는 이유는, 이 직렬을 선택했을 때 '나와 잘 맞을까?' 하는 걱정과 최대한 시험의 횟수를 늘려 합격 가능성을 높이고 싶기 때문이다. 하지만 목표를 확실하게 정하고 앞만 보고 달려가도 합격하기 힘든 상황에서, 이것저것 다 둘러보고 기웃거리면서 합격을 기대하기는 어렵다. 또한 합격 후에도 해당 직렬에 대한 애정도 없고, 전문 지식도 없다면 업무에 몰입하기 힘들다. 따라서 한 가지 직렬을 선택하여 앞만 보고 달리는 것을 추천하지만, 혹여 두세 가지 직렬을 염두하고 공부한다면 선택과목과 필기시험 및 면접 일정을 잘 확인하여 선택하는 것이 좋다. 그리고 2~3년 안에 과목 개편이 있을 가능성이 높으므로 충분히 고민한 후 선택하는 것을 추천한다.

이처럼 두세 가지 직렬을 동시에 준비할 수 있게 된 것은 2013년부터 고교 졸업생의 공직 진출 기회를 넓히기 위해 선택과목으로 사회, 과학, 수학이 도입되면서 가능해졌다. 그러나 오히려 고졸자 합격률이 감소하면서 정책 기대 효과가 나오지 않자, 직렬별 공무원의 전문성이 떨어져 행정서비스의 질이 저하된다는 문제점이 제기되었다. 이러한 부작용들이 나타나면서 사회, 과학, 수학 고교 과목 폐지와 함께 과목 개편에 대한 요구가 높아지게 되었다. 이에 2022년부터 9급 공무원 행정직군과 경찰공무원 시험과목이 개정될 예정이다. 그러면 다른 직렬 또한 시험과목이 개정될 가능성이 높다. 즉, 선택과목이 폐지되고 전문과목으로 개편이 되면, 이렇게 여러 직렬을 준비하기가 어려울 것이다. 따라서 2022년 전에 합격을 하거나, 마음을 비우고 하나의 직렬을 선택하여 몰입하는 것이 좋다,

07

2022년부터 시험과목이 개편된다는데, 어떻게 해야 할까요?

"쌤! 2022년부터 시험과목이 바뀐대요! 어떻게 해요?"

"내년에 합격할 수 있도록 열심히 해야지!"

2019년 6월 26일 인사혁신처는 '공무원임용시험령' 개정안을 입법 예고하였다. 고졸자의 공직 진입을 늘리기 위해 2013년부터 선택과목으로 도입된 사회, 과학, 수학 등 고교과목을 시험 과목에서 제외한다. 그리고 직렬별로 두 개의 전문과목을 필수과목으로 치러야 한다. 즉, 9급 행정직군의 공채시험은 공통 필수과목인 국어, 영어, 한국사 3과목과 직렬에 따라 전문과목 2개, 모두 5개의 필수과목으로 구성된다. 시험 과목 개편의 목적은 9급 공무원의 전문성을 높이자는 데 있다. 이제 수험생은 또 다른 고민이 생기게 된다. 이렇게 시험과목이 개정되는 경우 '수험생이 몰린다, 시험이 어려워진다' 등의 소문이 들리기 때문에 수험생은 혼란에 빠지게 되는 것이다.

2022년까지는 아직 2년이라는 시간이 있다. 고민을 해도 답은 없거나, 혹은 답은 정해져 있다. 2020년 공무원 시험을 준비하려는 수험생은 지금 현행 시험과목을 따라 선택과목을 선택하면 된다. 그러나 2021년부터 공무원 시험을 준비할 계획이거나, 1~2년 안에 합격할 자신이 없다면 처음부터 직렬별 전문과목을 선택하는 것이 좋다. 시험과목이 완전 다른 과목으로 바뀌는 것이 아니라, 현재 선택과목 중 사회, 과학, 수학이 제외되는 것이므로 전문과목을 선택하여 2020년, 2021년을 준비할 수 있기 때문이다. 자세한 내용은 개정안을 참고하고, 학원 상담을 통해 결정하는 것이 좋다.

시험과목이 개정된다고 해서 달라지는 것은 없다. 답은 정해져 있는데, 개정된다고 하니 마음이 심란한 것뿐이다. 오히려 다른 수험생이 심란해하는 이때가 기회다. 시험과목이 바뀌건, 시험제도가 바뀌건 꼭 올해 합격하겠다는 의지로 열심히 공부하면 합격은 여러분의 것이다.

우리는 공시생이 아니라 공무원이 되어야 한다

08

가산점을 위한 자격증 취득,
필수인가요?

상담을 하다 보면 가산점을 위해 자격증 취득이 필수인지를 묻는 경우가 많다. 7~9급 공무원 시험에서 가산점을 받을 수 있는 경우는 취업지원대상자, 의사상자, 직렬별 가산대상 자격증을 소지한 자, 공통적용 가산대상 자격증을 소지한 자로 나누어진다. 취업지원대상자, 의사상자, 직렬별 가산대상 자격증을 소지한 자는 가산점 등록 일자에 맞추어 국가 고시센터 또는 지방자치단체 인터넷 원서접수센터에 등록을 하면 된다. 하지만 직렬별 가산대상 자격증은 변호사, 변리사, 공인노무사, 공인회계사 등으로, 전공자가 아닌 이상 공무원 시험에서 3~5%의 가산점을 위해 단기간에 취득하는 것은 어렵다. 그리고 공통적용 가산점의 경우 2011년부터 통신 정보처리 분야와 사무관리 분야가 0.5~1%로 축소되었고, 국가직은 2017년부터 폐지되었다. 공통적용 가산점에 해당하는 자격증은 대표적으로 컴퓨터 활용능력 1급, 워

드프로세서(구 1급), 정보처리기사 등이 있다. 그러나 이 또한 공무원 공부와 병행하기가 쉽지 않다.

"혹시 가산점 받을 수 있는 컴퓨터 관련 자격증 있으세요?"

"네, 지금 컴퓨터 활용능력 1급 필기는 붙었고, 실기 준비하고 있어요!"

"와! 그럼 이번에 붙으면 올해 공무원시험 가산점 등록이 가능하겠네요!"

"아, 그런데…."

"네? 실기가 어렵나요?"

"네. 사실 실기 시험을 다섯 번 떨어졌거든요."

상담을 온 30대 남성의 고백이다. 자격증 취득 시간은 사람마다 개인차가 있겠지만 컴퓨터 활용능력의 경우 상공회의소의 꽃이라거나, 마지막 자존심이라거나 하는 말이 있다. 그만큼 가벼운 마음으로 생각하다가는 큰코다친다는 말일 것이다. 어떤 자격증이라도 공무원 시험을 준비하기 전부터 가지고 있는 자격증이라면 당연히 가산점을 받아야 한다. 하지만 공무원 공부를 시작하면서 0.5~1%의 가산점을 위해 자격증 취득을 준비하는 것은 모험과도 같다. 다른 수험생이 5과목을 공부할 때, 자격증 공부를 병행하게 되면 6과목을 공부하는 셈이다. 게다가 한 번에 붙는다는 보장이 있다면 도전해볼 만하나 그렇지 않다면 공무원 공부를 하는데 불필요한 에너지를 소비하게 할 수 있다. 다음 해 시험까지 1년 정도 남았다면 2개월 정도는 공무원 시험과목과 함께 공부하며 적당히 시간을 할애해도 좋다. 하지만 6~8개월 정도 남았다면 자격증을 준비하는 것보다는 한 문제를 더 맞힐 수 있도록 공무원 시험공부에 집중하는 것을 추천한다.

〈국가직 공무원 가산점 적용〉

■ 가산점 적용대상자 및 가산점 비율표

구분	가산비율	비고
취업지원대상자	과목별 만점의 10% 또는 5%	• 취업지원대상자 가점과 의사상자 등 가점은 1개만 적용
의사상자 등 (의사자 유족, 의상자 본인 및 가족)	과목별 만점의 5% 또는 3%	• 취업지원대상자/의사상자 등 가점과 자격증 가산점은 각각 적용
직렬별 가산대상 자격증 소지자	과목별 만점의 3~5% (1개의 자격증만 인)	• 구체적인 내용은 공고문 참고

※직렬 공통으로 적용되었던 통신·정보처리 및 사무관리 분야 자격증 가산점은 2017년부터 폐지되었다.

□직렬별 가산대상 자격증 소지자

― 행정직 : 다음 직렬의 응시자가 직렬별 해당 자격증을 소지하고 있을 경우, 각 과목 만점의 40% 이상 득점한 자에 한하여 각 과목별 득점에 각 과목별 만점의 5%에 해당하는 점수를 가산한다.

■ 가산점 적용대상자 및 가산점 비율표

구 분	비 고
행정직(일반행정 · 선거행정)	변호사, 변리사
행정직(교육행정)	변호사
행정직(회계)	공인회계사
행정직(고용노동)	변호사, 공인노무사, 직업상담사1급, 직업상담사2급(단, 7급은 3%가산)
직업상담직	변호사, 공인노무사, 직업상담사1급, 직업상담사2급(단, 7급은 3%가산)
세무직	변호사, 공인회계사, 세무사
관세직	변호사, 공인회계사, 세무사
감사직	변호사, 공인회계사, 감정평가사, 세무사
교정직·보호직·철도경찰직	변호사, 법무사
검찰직 · 마약수사직	변호사, 공인회계사, 법무사
통계직	사회조사분석사 1급, 사회조사분석사 2급(단, 7급은 3% 가산)

– 기술직 : 국가기술자격법령 또는 그 밖의 법령에서 정한 자격증 소지자가 해당 분야 (전산직은 제외)에 응시할 경우 각 과목 만점의 40% 이상 득점한 자에 한하여 각 과목별 득점에 각 과목별 만점의 일정비율(아래 표에서 정한 가산비율)에 해당하는 점수를 가산한다.

구분	7급		9급	
	기술사, 기능장, 기사 [시설직(건축)의 건축사 포함]	산업기사	기술사, 기능장, 기사, 산업기사 [시설직(건축)의 건축사 포함]	기능사 [농업직(일반농업)의 농산물품질관리사 포함]
가산비율	5%	3%	5%	3%

〈지방직 공무원 가산점 적용〉

☐ 가산점 적용대상자 및 가산점 비율표

구 분		가산비율	비 고

취업지원대상자
(모집단위 4명 이상시 적용)
		과목별 만점의
		5% 또는 10%
			• 취업지원대상자 가점과 의사상자 등
			  가점은 1개만 적용
			• 취업지원 및 의사상자 등 가점과 자격증
			  가점은 각각 적용
			• 자격증 가산점은 최대 2개까지 인정
			  (공통적용 가산점 1개, 직렬별 가산점 1개)
			• 가산특전은 각 과목 40%이상 득점 시 적용
			• 구체적인 내용은 공고문 참고

의사상자 등 대상자 (모집단위 10명 이상시 적용)		과목별 만점의 3% 또는 5%	
자격증 소지자	공통적용 가산점 (전산직 제외)	과목별 만점의 3% 또는 5% (1개의 자격증만 인정)	
	직렬(직류)별 가산점		

☐ 공통적용 가산점(전산직 제외)

구분	가산비율	자격증 등급별 가산비율			
통신정보 처리분야	7급 연구 · 지도사	정보관리 기술사, 컴퓨터 시스템 응용 기술사 정보 처리기사 전자계산기 조직 응용기사	1%	사무자동화 산업기사 정보처리산업 기사 전자계산기 제어산업기사	0.5%
	8, 9급	정보관리기술사 컴퓨터시스템응용기술사 정보처리기사 전자계산기조직응용기사 사무자동화산업기사 정보처리산업기사 전자계산기제어산업기사	1%	정보기기운용기능사 정보처리기능사	0.5%
사무관리 분야	7급 이하 연구 · 지도사	컴퓨터활용능력 1급	1%	워드프로세서(구 1급) 컴퓨터활용능력 2급	0.5%

09

일반행정직 이외에 다른 직렬은
무엇이 있나요?

　　　　　우리가 대표적으로 알고 있는 공무원은 일반행정 공무원, 소
방공무원, 경찰공무원 정도이다. 그러나 공무원 시험에도 다양한 직렬이 있어
서 전공이나 적성에 맞추어 선택할 수 있다. 각 직렬에 대해 간략하게 설명하
였으니, 공무원 시험을 준비하려는 예비 수험생에게 직렬 선택에 도움이 되기
바란다.

-보건직/간호직 공무원

보건직 공무원과 간호직 공무원은 지방직 공무원으로 대부분 해당 지역의
보건소에서 근무한다. 보건직은 9급으로 별도의 시험 응시 자격이 없어 누구
나 응시할 수 있지만, 간호직은 8급으로 간호사 또는 조산사 면허를 보유하고

있는 자만이 시험에 응시할 수 있다. 합격선은 지역별로 매년 다르지만, 보통 보건직은 80~85점, 간호직은 85~90점 정도이다. 보건직의 경우 몇 년 전까지만 해도 합격선이 이렇게까지 높은 편은 아니었다. 그러나 간호직을 준비하는 수험생들이 보건직으로 유입되면서 보건직 합격선 상승에 어느 정도 영향을 미쳤다고 볼 수 있다.

"공부를 바로 시작할 수 있으신가요?"

"아니요, 지금 병원에서 일하고 있어요."

"그러시구나! 병원에서 일을 하고 계시는데 공무원을 준비하려는 이유를 여쭤봐도 될까요?"

"아무래도 병원은 3교대라서 결혼하고 일하기에 힘들어서요."

"연봉도 꽤 되실 텐데. 공무원 연봉 알고 계시죠?"

"네, 저는 돈보다는 여유로운 삶을 살고 싶어요."

특히 간호사는 보통 3교대로 일하면서 신체적, 정신적으로 힘든 일이지만 그만큼 연봉이 높은 편이기도 하다. 하지만 결혼 후에 가정과 일, 그리고 육아를 병행하기에는 현실적으로 힘든 부분이 존재한다. 그래서 간호직 공무원을 많이 생각하지만, 간호사라는 직업을 당장 그만두는 것도 현실적으로 힘들기에 처음에는 일과 공부를 병행하는 경우가 많다. 그러나 일과 공부를 병행하는 것은 꽤 힘든 일이므로, 중도에 공부를 포기하는 경우가 많고, 드물게 일을 그만두고 공부에 전념하여 합격하는 경우도 있다. 최근에는 간호사 면허를 갓 딴, 대학을 졸업한 24살, 25살 예비 수험생들의 상담이 늘어나고 있다. 선배 간호사들의 현실 이야기를 들으면서 병원 취직을 알아보지 않고, 처음부터 간호직 공무원을 생각하는 것이다. 사실 간호사 면허만 있다면 응시 자격이 주어지기 때문에 상관은 없지만, 개인적으로는 1~2년 정도는 현장 경험을 쌓은 후 공무원 시험을 준비하는 것도 좋다고 생각한다.

─사회복지직

사회복지직 공무원은 지방직 공무원으로, 사회복지사 자격증 2급 이상을 보유하고 있어야 시험에 응시할 수 있다. 보통 사회복지직 공무원을 준비하는 경우는, 대학에서 사회복지를 전공하였거나, 사회복지사로서 근무한 경험이 있는 경우가 많다. 그리고 대부분 어렸을 때부터 봉사를 많이 하는 부모님의 영향을 받아 수험생 본인도 다양한 봉사활동을 한 경험이 많다. 꼭 그래야만 하는 것은 아니지만 사회복지직 공무원은 공무원 중에서도 꽤 힘든 직렬에 속한다. 뉴스에도 많이 나오듯이 사회복지직 공무원이 해야 할 일은 매우 많은데, 채용 인원은 필요 인원보다 적다. 업무의 특성상 외부로 나가 현장에서 확인해야 할 것도 많고, 사회적 약자들을 응대하며 감정 소모도 많다. 따라서 다른 직렬보다 국민을 위해, 특히 복지 사각지대에 놓여 있는 사회적 약자들을 위하는 마음이 우러나야지만, 평생직장으로서 사회복지직 공무원으로 일하는 데 도움이 된다.

"사회복지사로 3년을 일하셨는데, 그만두기 쉽지 않으셨을 것 같아요!"

"네, 제가 도맡았던 사업도 있었고, 상도 받았었고, 저는 일하는 동안 정말 행복했어요."

"그런데 왜 그만두고 공무원을 준비하셨어요?"

"제가 사회복지사로 일하면서 느낀 건, 정말로 도와드릴 분도 많고 도움이 필요한 분도 많은데, 사회복지사로서 도와드리는 것은 한계가 있더라고요. 그래서 공무원이 돼서 정말 현실적으로 필요한 지역 사업을 시행하고, 실질적인 도움을 드리고 싶었어요."

"와, 정말 이 시대에 필요한 인재네요! 꼭 합격하셔서 멋진 사회복지직 공무원이 되시길 바랍니다."

작년에 사회복지직 공무원에 합격한 수험생과의 대화이다. 사회복지직 공무원 필기 합격자를 대상으로 자기소개서 첨삭을 하면서 이런저런 이야기를 나누다 보면, 실제로 사회복지에 대한 관심이 크고 봉사 경험도 많은 경우가 많다. 따라서 사회복지직 공무원을 준비하고자 하는 수험생이라면, 사회복지사 2급 자격증을 준비하면서 다양한 봉사활동을 경험하기 바란다. 현장에서 필요한 부분을 느끼면서 사회복지직 공무원으로서의 포부를 키울 수도 있고, 혹은 사회복지직 공무원이 나의 적성에 맞는지를 알아보는 시간이 될 것이다.

－교육행정직

　교육행정직 공무원은 국가직 교육행정직의 경우 국립대, 교육부, 교육부 산하기관에서 근무하고, 지방직 교육행정직의 경우 광역지자체 교육청, 교육 지원청, 사업소, 학교에서 근무한다. 대부분은 학교 행정실에서 근무하는 경우가 많아 업무가 아주 어렵지 않고, 방학도 있고, 퇴근 시간도 빠른 편이라 여자 수험생이 많이 선호한다. 크게 야근이나 외근을 하는 경우가 없어 개인 시간을 가질 수 있다는 장점이 있지만, 급여 부분에서는 기본급여에서 크게 벗어나지 않는 편이라 돈을 생각한다면 권하지는 않는 직렬이다. 그리고 교육 행정 공무원 시험의 경우 각 지자체 교육청에서 문제를 출제하여 지방직 일반행정직보다 시험 난도가 낮다는 평이 있었다. 그러나 2019년부터 지방직 일반행정직 문제와 동일하게 출제되면서 그런 기대는 할 수 없게 되었다.

　"선생님, 저 일반행정 칠까요, 교육행정 칠까요?"
　"시험이 내일인데, 아직도 결정 못 했어요?"
　"결정 못 하겠어요, 어떻게 해요?"
　"집에서 가까운 시험장으로 가세요."

　국가직 교육행정직의 경우 원서접수에서 직렬을 선택하므로 상관없지만, 지방직 교육행정직은 각 지자체 교육청에서 주관한다. 즉, 각 시에서 주관하는 일반행정직 공무원과 중복 지원이 가능하다는 말이다. 그래서 일반행정과 교육행정 둘 다 원서접수를 하는 수험생이 많다. 그러나 일반행정과 교육행정은 같은 날에 필기시험이 있으므로, 결국에는 둘 중 하나를 선택해야 한다. 이 때문에 매년 필기시험 전날 꼭 한두 명은 어느 시험을 치러갈지에 대해 문의를 하곤 하는데, 심지어 얼마나 고민이 되었으면 학원 학생이 아닌데도 전화 문의를 하는 경우도 있었다. 하지만 원서접수 결과로 나오는 경쟁률은 크게 의미가 없고, 중복지원이 가능한 만큼 결시율이 높으므로, 어느 것을 응시하는 게 좋겠다고 판단하기 어렵다. 따라서 처음부터 자신의 적성과 소신에 맞추어 일반행정이면 일반행정, 교육행정이면 교육행정, 하나를 밀고 가는 것을 추천한다.

―군무원

군무원은 국방부, 육군, 공군, 해군에서 각각 채용하며, 국방부 직할 부대인 정보사, 기무사, 국통사의 의무사 또는 각 육군, 해군, 공군 본부 및 예하 부대에서 근무하게 된다. 군무원은 행정 직군, 시설 직군, 정보통신 직군, 공업 직군, 함정 직군, 항공 직군, 보건 직군, 기상 직군으로 분류되고, 각 군 안에 세부 직렬이 있다. 군무원 행정 직군은 지방직 공무원과 같이 별다른 응시 자격 조건이 없다. 사서, 환경, 전산, 항해, 약무, 병리, 방사선, 치무, 재활 치료, 의무기록, 영양 관리 직렬의 경우 관련 자격증 및 면허증을 소지해야 응시

자격 조건이 주어진다. 그 외에 경력경쟁으로 채용하는 직렬도 있다.

"생각하고 온 직렬이 있어요?"
"제가 영어를 못해서 영어 시험 없는 공무원 시험은 없나요?"

군무원 필기시험 과목은 국어, 영어, 한국사, 행정학, 행정법이며, 이 중 영
어와 한국사는 검정시험으로 대체한다. 영어는 토익 470점 이상으로 대체하
고, 한국사는 한국사능력검정시험 2급으로 대체한다. 이것은 지방직 공무원
시험과는 다르게 수험생의 부담을 덜어주는 큰 장점으로 작용하여, 군무원에
관심을 가지는 수험생이 많다.

"그럼 수험생들이 다 군무원 준비하는 거 아니에요?"

라고 묻는 수험생이 있다. 그러나 사람마다 가치관이 다르므로 꼭 그렇지
는 않다. 영어와 한국사에 대한 부담이 적다는 장점에도 불구하고, 수험생들
이 군무원을 선뜻 선택하지 못하는 이유가 있다. 군무원은 군부대에서 일하
고, 전국단위 모집으로 지역을 선택할 수 없으며 근무지 이동이 잦은 편이기
때문이다. 따라서 군무원을 생각하고 있다면 향후 자신의 미래 계획을 신중하
게 생각하고 준비하는 것이 좋다.

─기술직

　기술직 공무원은 쉽게 말해 필기시험 과목이 국어, 영어, 한국사 필수과목 3개와 해당 직렬 전문과목 2개로, 선택과목이 없고 전문과목이 정해져 있는 직렬을 말한다. 기계, 전기, 화공, 일반농업, 산림자원, 조경, 일반환경, 토목, 건축, 지적, 전산개발, 해양수산, 전송기술, 통신기술, 운전직, 축산직 등이 기술직 공무원으로 분류된다. 기술직은 별도의 응시 자격 조건은 없으나, 전산직의 경우 자격증 소지 제한이 있다. 그리고 기술직을 준비하는 수험생의 대부분은 대학에서 해당 직렬과 관련 있는 전공을 공부하였으며, 이들은 가산점 5%를 받을 수 있는 자격증을 소지하고 있는 경우가 많다.

　"이 직렬은 합격선이 낮네? 공부를 잘못하는 직렬인가 봐요?"
　"이 직렬은 합격선이 높네? 문제가 쉽게 나오나 보네요?"

　가끔 상담하다 보면 일반행정직 합격선에 비해 낮은 기술직 합격선을 보고, 공부를 잘못하는 직렬이라고 말하는 사람이 있다. 믿기지 않겠지만 꽤 자주 듣는 말이다. 말도 안 되는 말이고, 학원 수강생 중 기술직 직렬을 준비하는 수험생이 이 말을 들었을 때는 기분이 나쁠 수 있다. 합격선이라는 것은 매년, 시험마다 바뀌는 수치이며, 10명의 합격자가 있다면 10명 중 10등의 점수가 합격선이므로, 1~9등까지의 점수는 알 수가 없다. 또한 기술직과 일반행정직의 국어, 영어, 한국사 시험문제는 똑같다. 똑같은 내용을 공부하고, 똑같은 시험문제를 푼다. 그리고 해당 직렬의 전문과목을 공부해보기 전에는 쉽다, 어렵다를 논하는 것은 의미가 없다.

합격선이 낮고 공부하기 쉽다면 왜 기술직에 수험생이 안 몰리겠는가. 예를 들어 일반행정직 채용인원이 100명일 때, 기술직은 많으면 10명 이내이다. 생각보다 많은 인원을 뽑지 않으며, 아무리 응시 자격 제한이 없다지만 생소한 전문과목을 공부하는 것은 쉬운 일이 아니다. 또한 합격 후 현장 업무에 적응하는 데 어려움이 있을 수 있으므로, 비전공자가 기술직을 선택할 경우 신중히 선택해야 한다. 그리고 종종 해당 직렬을 전공했음에도 불구하고 일반행정직 같은 다른 직렬을 고민하는 수험생이 있다. 고민한다는 것 자체가 전공에 대한 흥미가 없다는 말이므로, 이 직렬을 선택하여 최소 30년을 일할 수 있을 것인가에 대해 깊게 고민하기 바란다. 기술직을 준비한다고 해서 공부를 덜 하는 것도 아니다. 합격하겠다는 굳건한 마음으로 공부한다면 어떤 직렬이라도 합격할 수 있다.

10

합격까지 수험기간은
얼마나 걸리나요?

"합격까지 기간이 얼마나 걸리나요?"

"개인마다 차이가 있지만, 최소 6개월에서 1~2년까지 다양합니다."

"더 빨리 합격할 수는 없나요?"

"4개월 만에 단기 합격하는 수험생도 봤기 때문에, 열심히 공부하면 가능합니다."

　　공무원 합격까지 수험기간은 학원으로 방문 상담을 오는 수험생이 가장 궁금해 하는 부분 중 하나이다. 그러나 개인마다 기존 학습수준, 수업에 대한 이해력과 습득력이 다르므로, 똑같은 수업을 들어도 합격까지의 수험기간은 수험생마다 다르다. 아예 스스로를 공부 머리가 없다고 말하는 수험생이 단기 합격하는 경우도 있고, 자신이 서울 상위권 대학을 나왔다며 단기 합격할 것이라고 자신 있게 말했던 수험생이 불합격하는 경우도 있다. 공무원 공부는 취업준비생 사이에서 대한민국에 존재하는 취업 준비 중 가장 공평한 시험으로 통한다. 그만큼 누구나 시작할 수 있으며, 누구에게나 합격의 기회가 열려있다. 열심히 공부한다면 4개월 단기 합격도 가능하고, 5년 이상이 걸릴 수도 있지만 언젠가는 합격할 가능성이 있는 시험이다. 그러나 20대, 우리의 시간은 소중하기 때문에 '언젠가는 합격하겠지.' 라는 안일한 생각으로 시간을 허비할 수는 없다. 그리고 수험기간이 길어질수록 공부에 지치기 때문에 합격과는 거리가 멀어지고, 시간만 허비한 채 포기하는 경우도 많다.

"합격을 축하드려요. 실례지만 수험기간이 얼마나 되셨어요?"

"올해가 5년째였습니다. 이번에 합격해서 너무 기뻐요."

"5년이라니! 정말 힘들었겠어요. 어떤 마음으로 공부하셨어요?"

"정말 힘들었고, 올해가 진짜 마지막이라는 생각으로 공부했더니 합격했습니다."

공무원 합격생에게 수험기간을 물어보면 보통 2년 차에 합격하는 경우가 많고, 종종 그 이상 장수생도 많이 있다. 그리고 합격생에게 어떤 마음으로 공부해서 합격할 수 있었는지를 물어보면, 대부분 공통적으로 '올해가 마지막이라는 생각으로 공부했다.' 라고 말한다. 즉, 절실함을 가지고 공부에 몰입해야 합격과 가까워진다는 것이다. 물론 누구나 절실하게 공무원 합격을 원하지만, 합격생이 말하는 절실함은 다르다. 말로 표현할 수 없지만, 본인만이 가진 절실함이 있다.

공무원 시험 준비를 시작하고자 하는 수험생이라면, 다른 사람의 수험기간에 연연하지 말고 스스로에게 집중하길 바란다. 현재 나의 수준을 받아들이고, 공부 방향을 설정하여 차근차근 단계를 밟아가는 것이 중요하다. '빙산의 일각' 이라는 말이 있다. 공무원 수험생 전체가 빙산이라면, 합격생은 빙산의 일각이다. 공무원 수험생이라면 누구나 공무원에 합격하고 싶은 절실함은 있다. 그러나 공무원 합격을 위해서는 절실함을 받쳐줄 수 있는 실력이 필요하고, 그 실력은 절실함으로부터 나온다. 빙산의 일각인 합격생은 실력과 절실함을 모두 가지고 있는 사람이다.

11

학원, 인터넷 강의,
스터디 어느 것이 좋을까요?

"학원에서 공부하는 게 좋을까요, 인터넷 강의를 듣고 공부하는 게 좋을까요?"

"사람마다 생각하는 것이 다르니까 본인이 결정하시는 게 좋습니다."

"아니 그러니까, 학원 관계자는 생각이 다를 거 아니에요."

"저는 학원 관계자니까 당연히 학원을 추천 드리죠."

"아니 그러니까, 학원 관계자니까 학원이 낫다는 말 말고, 인터넷 강의와 비교해서 학원이 좋은 점을 설명해 주세요."

처음에는 이 질문이 당황스럽고, 학원 관계자로부터 무슨 말을 듣고 싶어서 물어보는 건지 화가 나기도 했다. 그리고 이 부분에 대해 솔직하게 말해 줄 수 있는 학원 관계자는 없을 것이다. 하지만 필자는 각각에 대한 장단점을 확실하게 설명해주려고 노력한다. 이 질문을 한다는 것은 이미 어느 한쪽으로 마음이 기울어 있는 상황에서 다른 사람의 의견이 궁금하기 때문이다. 그리고 학원 관계자는 무언가 다른 정보를 가지고 있다고 생각하기에 학원으로 상담을 온 것이다.

학원의 장점은 실제 강의로 진행되기 때문에 현장감을 그대로 느낄 수 있고, 모르는 부분을 강사에게 바로 질문하고 해결할 수 있다. 그리고 내년 시험까지 시기별로 필요한 수업이 짜여있기 때문에, 수업을 쭉 따라가면서 학원에서 제공하는 프로그램을 적극 활용하며 성적향상에만 신경 쓰면 된다. 또한 다른 수험생과 함께 수업을 듣고 독서실에서 공부하면서 동기부여가 가능하다. 단점은 고등학교처럼 시간표가 짜여있기 때문에 자유로운 것을 좋아하는 수험생은 답답함을 느낄 수 있다. 그리고 다른 수험생과 친목을 도모하기 시작하면 공부에 집중하기 어려워진다. 그래서 학원은 혼자서 공부하는 것이 익숙하지 않거나, 의지가 약하거나, 공부 방법을 잘 모르는 처음 시작하는 수험생에게 유용하다.

인터넷 강의의 장점은 원하는 공간에서 원하는 시간에 공부할 수 있다는 점이다. 공무원 학원이 없는 지역에 사는 수험생, 낮에 일을 하는 수험생, 자유로운 공부를 원하는 수험생 등에게는 시간 활용만 잘한다면 아주 좋은 방법이다. 하지만 강한 의지가 없으면 주변의 유혹에 흔들리기 쉽다는 것이 큰 단점이다. 비슷한 수강료를 지불하여도 학원은 지금 이 수업을 놓치면 안 될 것 같다는 생각에 꼭 수강하지만, 인터넷 강의는 언제든지 들을 수 있다는 생각에 쉽게 나태해지는 경우가 많다. 따라서 인터넷 강의는 특별한 경우를 제외하고는 강한 의지를 바탕으로 혼자서 계획한 바를 제대로 실천해낼 수 있는 수험생에게 추천한다.

여러 명이 모여 그룹으로 하는 스터디는 학원이나 인터넷 강의를 통해 기본이론 강좌를 2번 이상 들은 후, 직렬별, 과목별 스터디를 통해 공부를 이어가는 것을 추천한다. 다른 수험생과 공부 방법을 공유하면서, 혼자 공부하는 것에 지쳐있는 수험생에게 환기를 시켜줄 수 있을 것이다. 그러나 공무원 공부를 처음 시작하는 수험생에게는 추천하지 않는다. 공무원 시험과목에 대한 기본이론이 갖추어져 있지 않는 상황에서 어떤 도움을 기대하기 힘들다. 그리고 여럿이 모이면 공부라는 처음 스터디 취지에서 벗어나 친목 도모가 되기 쉽기 때문이다. 따라서 냉정하게 합격하고자 하는 목표를 가진 구성원이 아니라면 빠르게 탈퇴하는 것을 추천한다.

구분	학원	인터넷 강의	스터디
장점	– 현장감을 느낄 수 있고 동기부여 가능 – 학원 프로그램을 따라가며 공부에 집중 가능	– 장소, 상황에 구애받지 않고 자유롭게 공부 가능	– 혼자 하는 공부에 지쳐있는 수험생에게 추천 단점
단점	– 짜여진 시간표에 답답함을 느낄 수 있음	– 강한 의지가 없으면 흔들리기 쉬움	– 친목도모로 변질될 수 있음

5~6년 전부터 인터넷 강의 시장이 빠르게 활성화되면서 '수강료 0원',

'합격할 때까지 무료' 같은 문구가 많이 보이기 시작했다. 하지만 실제로 홈페이지에 들어가서 원하는 직렬과 과목을 선택한 후 수강 등록을 하면 수강료가 발생하는 경우가 많다. 그리고 합격 후 수강료를 100% 반환한다는 문구가 뜨는데, 합격만 하면 수강료 100%를 돌려준다는 말이니 '수강료 0원'이 아주 거짓말은 아니다. 그런데 최근 혼자 인터넷 강의로 공부하다가 생각처럼 되지 않자 학원을 찾는 수험생이 늘어나고 있다. 시작한 지 얼마 되지 않았거나, 1년 정도 인터넷 강의로 공부하고 학원에 오는 경우는 그나마 다행이다. 문제는 2년 이상 인터넷 강의 또는 독학으로 공부하다가 부모님 손에 끌려서 학원을 찾는 경우이다. 혼자 공부하는 것이 잘하든 못하든 이미 몸에 익숙해져 있는 상황에서는 학원에 적응하기 쉽지 않기 때문이다. 하지만 학원을 마지막 수단으로 생각하고 오기 때문에, 기존의 공부 방법과 생활습관에서 탈피하고자 하는 의지만 있다면 바로 다음 해에 합격하는 경우가 많다. 그리고 가장 최악은 2년 이상 혼자 공부하는 것이 힘들다는 것을 알면서도 학원이나, 기숙학원 등 다른 방법을 찾거나 공무원 시험을 포기할 생각을 하지 않는 경우이다. 두려워하지 말고 지금 하고 있는 공부 방법에서 탈피하여 다른 방법을 찾기 바란다.

학원이든, 인터넷 강의든, 스터디든 공무원 합격에는 정해진 방법도, 정석도 없다. 몰입해서 빠르게 합격할 수 있는 자신만의 방법을 찾으면 된다. 그리고 이 방법이 아니다 싶으면 다른 방법으로 전환하는 빠른 판단력이 필요하다. 목적은 공무원 합격임을 잊지 말자. 단, 어느 방법이든 선택하기 전에 본인이 사는 지역의 공무원 학원 2곳 이상을 방문 상담해 보는 것을 추천한다. 방문 상담을 통해 학원을 선택한 수험생들은 왜 학원을 선택했는지 알아보고, 학원에 있는 프로그램을 직접 보면 혼자 공부하더라도 공부 계획을 짜는 데 도움이 된다.

12

서울에서 공부하는 것이
좋을까요?

학원과 인터넷 강의 중 학원을 선택한 예비수험생이라면, 다음은 어디에서 공부할지를 결정해야 한다. 보통 학부모는 공무원 준비는 서울 노량진에 가서 해야 한다는 고정관념이 있는 경우가 많다. 그리고 학생이 서울을 고집할 때는 부모의 간섭으로부터 벗어나고 싶거나 공무원을 준비하는 친구가 서울에 있는 경우이다.

서울과 집 근처 둘 중에 고민하는 수험생이 고려해야 할 부분은 크게 세 가지인데 첫 번째는 금전적인 부분이다. 서울이든 집 근처든 학원비는 크게 차이 나지 않는다. 그러나 지방의 수험생이라면 서울에 신세 질 수 있는 일가친척이 없을 경우 방을 알아보아야 하는데, 노량진 학원가 근처 원룸 보증금은 300~1,000만 원 이상, 월세는 35~65만 원 이상까지 다양하다. 여기에 관리비는 별도이고, 보증금이나 월세가 낮으면 낮을수록 주변 편의시설이나 방의 상태가 좋지 않다는 것은 당연한 일이다. 또한 고시텔, 원룸텔은 공용화장실인지, 방에 창문이 있는지에 따라 25~45만 원 이상까지 금액이 달라진다. 손바닥만 한 창문이 있고 없고에 따라 5만 원씩 차이가 나기도 한다. 그리고 혼자 살기 시작하면 부대비용이 많이 든다. 필자는 대학 생활 4년 동안 기숙사, 원룸, 고시텔 모두 살아보았는데 어디에 살든지 생각하지 못한 생활비 지출에 깜짝 놀란 적이 한두 번이 아니다. 샴푸, 린스, 치약, 칫솔, 비누, 세제 등 생필품이 이렇게 비쌀 줄이야! 조금 더 저렴한 마트를 찾아 다른 동네까지 걸어가기도 했고, 물건마다 가격이 다르니 하루에 여러 마트를 돌아다닌 적도 많다. 하지만 여유시간이 있는 대학생과 1분 1초가 아까운 공무원 수험생은 다르다. 마트 전단을 보는 것을 즐기며 운동 삼아 여기저기 돌아다닐 시간도 없고 여유도 없다. 부모님과 함께 생활할 때는 몰랐던 사소한 비용들이 쌓이고 쌓이면 스트레스가 된다. 그리고 집안의 경제적 여건이 좋지 않아, 공부와 아르바이트를 병행하는 수험생도 있다. 스스로 돈을 벌어 학원비와 생활비를 충당하는 것인데, 공부에 집중하기 힘들기 때문에 추천하지는 않는다.

"이번에 생필품을 사느라 용돈이 모자라서요….”
"그래그래, 돈은 얼마든지 지원해줄 테니 올해 안에 합격만 하면 된다! 난 우리 딸(아들) 믿는다!”

부모라면 자식을 위해 무엇이든지 아깝지 않지만, 자식들은 그런 부모님에게 감사하면서도 한 달 생활비가 늘어나면 마음에 부담이 된다. 생일, 명절, 휴일에 집에 가고 싶어도 집에 가는 비용이 부담이고, 부모님이 한 번씩 올라오는 것도 부담이 된다. 먹고 싶은 것이 있어도 가격이 저렴한 것만 찾게 되고 건강관리에 소홀해진다. 그러나 정신력으로 버텨야 하는 수험생활이므로, 스트레스는 최소한으로 줄이고, 먹고 싶은 것 잘 챙겨 먹으면서 건강관리에 유의해야 단기 합격할 가능성이 커진다는 것을 잊지 말자.

두 번째로 고려해야 할 것은 인간관계이다. 서울에 올라가면 처음에는 신나고 즐겁다. 혼자 서울 구경도 하고 마음 편하게 지내지만, 한 달 정도 지나면 불안해지기 시작하고 외로움을 느끼게 된다. 그래서 친구를 사귀게 된다. 같은 학원 사람, 스터디 등을 통해 마음이 맞는 사람들과 함께 하는 시간이 많아진다. 밥만 먹는 스터디였는데 어느 순간부터 카페도 가고, 술을 먹게 된다. 처음에는 공부만 하다가 어느 순간부터 서로의 처지를 털어놓게 되더니 술도 한 잔씩 하게 된다. 집 근처에서 다녔다면 부모님이 집에서 기다리고 계시니 어느 정도 선이라는 것을 지키게 되지만, 자취를 하게 되면 주변의 유혹을 거절하기가 힘들다. 그리고 사람들과 어울리기 좋아하고 놀기 좋아하는 2~30대 수험생에게 같은 고충을 가지고 있는 사람들과 함께 보내는 시간은 합리적인 변명거리가 된다. '같이 놀았으니까 괜찮아!', '쟤는 나보다 성적이 낮으니 같이 놀아도 괜찮아!'. 그리고 집을 떠나 서울까지 와서 외롭고 힘들게 공부한다는 공통점은 연애하고 싶은 가장 큰 이유가 된다. 젊은 남녀가 함께 생활하면서 어찌 끌리지 않겠는가, 운명이든 아니든. 연애든, 친목이든 공부하는 데 적당한 시너지 효과만 준다면 더할 나위 없겠지만 그런 경우는 극히 드물다. 이미 서울 노량진 학원가는 공부보다 유흥을 위한 것들이 넘쳐난다. 조금 인간미가 없어 보일 수 있지만, 오로지 합격을 위해 불필요한 인간관계를 만들지 않아야 합격할 수 있다.

세 번째로 고려해야 할 것은 현실적인 부분이다. 서울 노량진 스타 강사의 수업을 듣기 위해 새벽 3시부터 줄을 선다는 이야기는 많이 들어봤을 것이다. 힘들게 줄을 서서 기다린 후 한 교실에 2~300명의 수험생이 다리 펼 공간도 없이 빼곡하게 앉는다. 무엇을 위한 기다림인가, 수업은 그대로 녹화되어 인터넷 강의로 업데이트된다. 춥고 더운 날씨에 새벽부터 기다린 후 교실 저 뒤편에서 강사가 보이지도 않는데 천장에 달린 화면으로 힘들게 필기할 필요가 없다는 말이다. 그럴 거면 집에서 편하게 원하는 시간에 넓은 화면으로 인터넷 강의를 보는 것이 훨씬 효율적이다. 나에게 적합한 최소 수면시간을 지키고, 건강관리에 유의하고, 1분 1초를 계획적으로 사용해야 합격까지의 시간을 줄일 수 있다.

최근 서울에서 공부하다가 내려오는 수험생의 방문 상담이 늘어나고 있는데, 이야기를 들어보면 위의 세 가지를 이겨내지 못한 경우가 많다.

"저는 노량진에서 2년 공부하다가 안 돼서 내려왔어요. 2년간 무엇을 했는지도 모르겠고 공부를 계속해야 하는지도 의문이에요."

"그렇군요! 서울에서 공부하다 왔으니 우리 학원 수업은 가볍게 따라가겠다는 걸요! 기본기가 잘 되어 있을 테니 문제 풀이에 집중하면 충분히 합격 가능성 있습니다."

이런 수험생에게 늦지 않았다고, 오히려 기본기가 잘 되어 있으니 내년에 합격할 수 있다고 격한 응원을 해준다. 2017년, 3년간 경찰공무원 공부를 하던 수험생이 어머니와 함께 고향에 내려가던 길, 휴게소에서 목을 매어 숨진 사건이 있었다. 괜찮다고, 집에 가서 며칠 쉬고 다시 시작하자고 말하는 어머니의 얼굴을 보며 얼마나 마음이 아팠을까. 그리고 하늘의 별이 된 자식을 생각하며 지금도 어머니는 얼마나 마음이 아플까. 이 기사를 접하고 매일 공무원 수험생을 만나고 함께 이야기 나누는 내가 할 수 있는 일은 긍정적인 말 한마디, 응원 한마디라는 것을 알게 되었다. 그리고 부모님에게 하기 힘든 말을 함께 나눌 수 있는 학원이 되어야겠다는 다짐을 하면서 수험생들과 교류하기 위해 꾸준히 노력하고 있다.

서울에서의 공무원 공부를 계획하고 있는 예비 수험생이라면 위의 세 가지에 대해 충분히 고려한 후 결정하기를 바란다. 물론 금전적, 인간관계, 현실적인 어려움을 이겨낼 수 있는 의지가 있다면, 오히려 이런 부분들이 동기부여가 되어 단기합격의 가능성이 커질 수도 있다. 모든 것은 스스로에게 달려있다. 그리고 혹여 원하는 결과가 나오지 않더라도 단지 공무원 시험이 나와 맞지 않았을 뿐이니, 극단적으로 생각하지 않기를 바란다. 훗날 '나 공무원 시험도 준비해봤잖아!' 라고 말하며 술 한 잔 기울일 수 있는 추억이 될 수 있도록, 지금 이 순간 최선을 다하자.

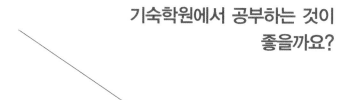

13

기숙학원에서 공부하는 것이
좋을까요?

"선생님, 학원 설명은 잘 들었습니다만, 기숙학원은 어떻게 생각하세요?"

"제가 학원 설명을 해드렸으니 기숙학원에 문의하시는 게 어떨까요?"

"아니에요, 선생님이 솔직하게 말씀해주실 것 같아서요. 말씀해주실 수 있나요?"

　　　　1시간의 긴 상담 후 나눈 30대 초반 남성과의 대화이다. 자초
지종을 들어보니 부모님으로부터 기숙학원으로 가는 것을 권유받았으나 썩
내키지 않아 학원으로 상담을 온 것이다. 대부분의 기숙학원은 입소 시 핸드
폰을 수거하고, 마치 수련회처럼 단체 생활을 하며 정해진 시간에 기상, 아침
체조, 수업, 식사, 자습, 점호, 취침을 할 수 있도록 하루 일과표가 짜여 있다.
주변의 유혹 또는 시선에 휘둘리지 않고, 모든 시간을 공부에 투자하여 집중
할 수 있다는 것이 기숙학원의 가장 큰 장점이다.

"본인은 혼자 공부하는 스타일이에요? 아니면 다른 사람들과 함께 공부하는 스타일이에요?"

"저는 새벽에 조용하게 혼자 공부하는 스타일이에요."

기숙학원은 모든 수험생이 정해진 시간표에 맞추어 생활해야 하므로 평소 자신만의 공부 스타일이 있다면 적응하기 힘들다. 물론 습관을 바꿀 정도의 의지가 있는 수험생이라면 꼭 기숙학원이 아니어도 충분히 혼자서도 공부를 할 수 있다. 그리고 의지가 있는 수험생이 기숙학원을 선택한다면 빠르게 적응하여 합격까지의 수험기간을 단축할 수 있다. 그러나 습관을 바꾸기는 쉽지 않은 일이기에 기숙학원에 입소하여 강제적인 공부를 하는 것에 대한 부담을 느껴 기숙학원 입소를 망설이는 것이다. 평소 새벽에 공부하는 스타일이거나, 카페에서 공부하는 것을 좋아하거나, 친구와의 만남을 통해 스트레스를 해소하는 스타일이라면 기숙학원은 추천하지 않는다. 기숙학원에서는 모든 수험생이 단체 생활을 해야 하는 만큼 공부하고 싶을 때 공부할 수 없고, 자고 싶을 때 잘 수 없다. 적응만 잘한다면 오로지 공부에만 집중하기에는 최적의 공간이지만, 적응까지의 기간이 길어지면 스트레스가 되어 오히려 공부가 질릴 수 있다. 또한 개인 생활에 익숙해져 있는 다양한 개성을 가진 성인들이 한 방을 쓴다는 것은 쉬운 일이 아니다. 성격이 잘 맞으면 단합이 잘 되어 공부보다는 친목으로 변질할 가능성이 있고, 성격이 잘 안 맞으면 같은 공간 안에서 숨쉬는 것만으로도 스트레스가 된다.

입소 비용은 기숙학원마다 다르지만 보통 월 1백만 원 대로, 집 근처의 학원에 다니는 것보다는 비싸고, 서울에서 자취하며 학원에 다니는 것과는 비슷하다. 합격하겠다는 의지만 있다면 어디에서, 어떤 방법으로 공부하던지 합격할 수 있다. 하지만 지속적인 관리가 필요하고, 주변의 모든 것들과 단절하고 공부에만 집중할 수 있는 학업 분위기를 원한다면 기숙학원을 추천한다. 적응 기간이 필요하겠지만 사람은 적응의 동물이기에 한 번 적응하면 충분히 단체 생활을 유지할 수 있다.

며칠 후 이 30대 남성은 부모님과 학원으로 재방문하였다. 부모님께 다시 한번 학원과 기숙학원의 장단점에 대해 설명해 드렸고, 다 함께 고민 후 학원 등록을 하게 되었다. 수험생의 성향을 파악하고 솔직하게 학원과 기숙학원의 장단점을 설명해 준 것이 도움이 되었다고 한다. 만약 지금 집 근처 학원, 기숙학원, 서울 소재의 학원에 다니며 자취하는 것, 이 세 가지 중에 고민 중이라면 본인의 성향을 잘 파악하기 바란다. 그리고 하나를 선택했을 때 본인에게 좋은 점과 나쁜 점 리스트를 작성하여 기회비용을 따져보면 좀 더 수월하게 선택할 수 있다.

14

행정학과에 진학하는 것이
도움이 될까요?

"지금 고3이구나! 공무원 시험 준비하면 대학은 어쩌려고요?"

"대학은 안 갈 거예요."

"어머, 얘가 무슨 소리야? 대학은 가야지! 행정학과로 갈 거예요."

고등학교 2, 3학년 학생과 학부모가 상담을 오면 난감한 부분이 대학 진학에 관한 부분이다. 학생은 어차피 합격하면 못 다니고, 필요도 없으니 대학 진학을 안 하겠다는 입장이다. 그러나 학부모는 공무원 공부를 하면서 대학 진학도 함께 하기를 바란다. 공무원 학원 실장으로서 실로 난감한 순간이지만, 최대한 학생과 학부모의 상황에 맞추어 중재해주려고 하는 편이다. 학생의 말도 일리는 있다. 보통 공무원 시험을 준비하는 대학교 1, 2학년 학생의 경우 합격하고 나면 대학에 대해서는 더는 생각하지 않는다. 발령받은 지역과 다니던 대학의 지역이 다르거나, 지역이 같다 하더라도 야간 수업이 없다면 일과 학업을 병행할 수 없기 때문이다. 그리고 공무원은 최종학력 제한이 없기 때문에 대학 졸업장은 필요 없다. 그래서 학생 입장에서는 1~2년 대학교 다닐 시간과 등록금으로 공무원 공부에 집중해서 빨리 합격하면 된다는 생각을 하는 것이다. 그러나 학부모의 생각은 다르다. 공무원 공부를 하더라도 대학은 가야 한다는 입장이다. 학부모 입장도 이해는 가는 것이, 아직 대한민국은 직업도 중요하지만, 최종학력에 대한 선입견이 있기 때문이다.

그래서 학부모가 학생에게 제시하는 것이 행정학과로 대학 진학을 하는 것이다. 일반 공무원은 행정학과, 경찰공무원은 경찰 행정학과를 제시한다. 경찰공무원의 경우 경찰 행정학과 특채를 따로 채용하기 때문에 추후 직렬 선택의 폭이 넓어질 수 있는 부분이 있지만, 일반 공무원의 경우는 사실 아무런 혜택이 없다.

"그래도 대학교에서 배우면 도움이 될 거 아니에요?"

하나도 도움이 안 된다고 말할 수는 없겠지만, 행정학과로 진학한다고 해서 크게 도움이 되는 것은 없다. 오히려 행정학과로 진학하였으나 시간이 지난 후 마음이 변해 공무원 시험을 준비하지 않거나, 공무원 시험 준비를 했으나 결국 포기하게 되는 경우 대학 졸업 후 진로에 대한 고통을 안게 된다. 그렇기 때문에 꼭 대학 진학을 권유하고 싶은 학부모라면 자녀와 좀 더 깊은 대화를 통해 전공을 선택할 수 있도록 하는 것이 좋다. 예를 들면 취업하기에 가장 무난한 전공은 경영계열, 어문계열, 공대 계열이 되겠다. 어쩌면 대학 졸업장은 필요하다는 학부모와 이제는 대학 졸업장이 필요 없다는 학생의 모습은, 다음 세대로 넘어가기 위해 대한민국이 당면한 모습이 아닐까 싶다. 하루빨리 대학이라는 것이 직업을 선택하거나 진로를 결정하는 데 있어 아무런 문제가 되지 않도록 다양성과 개성, 개인이 가진 능력을 인정해주는 대한민국이 되기를 바란다.

15

대학을 자퇴해도
될까요?

"지금 대학교 몇 학년이세요?"

"이제 1학년 2학기 시작했어요."

"공무원 공부를 시작하려면 휴학 신청을 하면 되겠네요!"

"자퇴할 거예요."

"자퇴보다는 휴학이 낫지 않을까요?"

"아니요, 자퇴할 거예요."

상담을 하다 보면 대학을 자퇴하겠다는 수험생이 있다. 대학을 자퇴하고 공무원 시험에 몰입하겠다는 생각이다. 보통 대학교 생활에 적응하는 것이 힘들었거나, 대학교 전공이 적성과 맞지 않았거나 하는 경우이다. 그리고 대학교 졸업장은 공무원 시험을 준비하고, 합격 후 승진하는 데 있어 꼭 필요한 조건은 아니기에, 대학교에 재학 중인 수험생 중 가끔 대학을 자퇴하겠다고 말하는 경우가 있다. 그러나 필자가 9년간 상담을 하며 여러 수험생을 지켜본 결과, 자퇴보다는 휴학을 추천한다. 자퇴를 하고 깔끔하게 공무원시험에 몰입하고 싶은 마음은 알겠으나, 우리는 항상 다음 수를 준비해야 한다. 사람 일은 모르는 일이므로, 공무원 준비를 하다가 진로를 바꾸고 싶을 수도 있고, 최선을 다했으나 결과가 좋지 않을 수도 있다. 최소한의 안전장치를 마련해놓아야 이 길이 나의 길이 아니라고 생각했을 때, 다른 길을 생각할 수 있는 시간을 확보할 수 있다. 그것이 휴학이다.

"휴학하고 싶은데 교수님이 휴학 신청서에 사인을 안 해주세요."

"잘 이야기해 보지 그러니?"

"전화도 안 받으시고 메일도 안 읽으세요."

대학교에는 휴학이라는 제도가 있지만, 담당 교수님의 허락이 없으면 휴학이 힘든 대학교가 있다. 교수님이 휴학을 쉽게 허락해주지 않는 이유는 최대한 빨리 학생을 졸업 시켜 졸업률과 취업률을 높여야 하기 때문이다. 공무원 공부를 하는 것에 대해 부정적으로 말하거나, 다른 곳에 취업 추천서를 써주겠다는 말로 휴학을 만류하기도 한다. 수험생의 입장에서는 추후 복학했을 때 불이익이 있지 않을까 하는 생각에 더 이상 교수님에게 휴학 신청서 확인을 요구하지 못하게 된다. 그러나 교수님이 우리의 인생을 책임져주지는 않는다.

그것이 나와 맞는 길인지는 직접 경험해보기 전에는 누구도, 그리고 나 스스로도 알 수 없는 일이다. 나중에 '조금만 더 빨리 준비해볼 걸.' 하는 생각을 하며 후회하고 싶지 않다면, 교수님에게 적극적으로 어필하여 최대한 좋은 방향으로 해결할 수 있도록 해야 한다.

"대학교 휴학 신청은 했어요?"
"네!"
"휴학을 왜 해? 학교 다니면서 하면 되지!"
"엄마! 학교 다니면서 어떻게 학원 수업을 들어?"
"그 정도 각오도 없이 무슨 공무원 공부를 한다는 거야?"

종종 부모님이 휴학을 반대하는 경우가 있다. 하지만 대학교 수업, 과제, 동아리 활동 등을 하면서 공무원 학원에 다닐 수 없기 때문에, 현실적으로 휴학하지 않고 대학교와 공무원 시험공부를 병행하기란 힘든 일이다. 대학교 졸업과 공무원 합격, 둘 다 잡기를 바라는 부모님의 마음을 이해하지만, 자녀가 단기 합격하여 젊은 청춘을 낭비하지 않기를 바란다면 자녀의 결정을 존중해주기를 바란다.

또한 현재 전공이 적성과 맞지 않더라도 다시 대학교로 돌아갈 수 있는 휴학이라는 최소한의 안전장치를 해놓는 것이 좋다. 혹여 공무원 시험을 포기하게 될 경우, 다시 학교로 돌아가 반수, 편입, 복수전공, 부전공, 교직 이수 등 다양한 방법으로 자신의 길을 찾을 수 있는 밑바탕을 만들 수 있기 때문이다.
모든 일을 할 때 다음 수, 그다음 수를 준비할 수 있도록 하자.

16

올바른 공무원 시험
정보 찾는 법은 무엇인가요?

공무원 시험에 대한 정보를 얻고자 하는 예비 수험생이 가장 먼저 하는 일은 바로 인터넷 검색이다. 인터넷을 정보의 바다라고 일컫듯, 인터넷에는 공무원 시험에 대한 많은 정보가 있다. 그러나 공무원 시험에 대해 인터넷을 검색해본 수험생이라면, 공무원 시험에 대한 정보보다는 공무원 학원 또는 인터넷 강의에 대한 정보가 더 많다는 것을 느꼈을 것이다. 특히 블로그에서 광고성 정보를 보게 되는 경우가 많은데, 정보가 없는 예비 수험생의 입장에서는 그 정보에 대해 옳고 그름을 판단하기가 어렵다.

"직렬은 선택하셨나요?"

"네, 저는 소방공무원 준비하려고요."

"소방공무원을 선택한 이유가 있으신가요?"

"많이 뽑는다던데요?"

"소방공무원을 증원한다는 말은 있습니다만, 소방공무원에 대한 정보는 찾아보셨나요?"

"대충 찾아봤어요."

"소방공무원은 체력 시험 있는 것, 알고 계시죠?"

"네? 그런 건 못 들었는데요?"

"소방공무원은 필기시험 합격 후에 체력 시험이 있고, 면접도 있습니다."

"체력은 구급이나 구조 직렬만 있고, 실내에서 일하는 공무원은 체력 없지 않아요?"

"공개경쟁시험 '소방'도 똑같이 체력 시험 있습니다."

"제가 알기론 아닌데요?"

"어디서 그런 말을 들으셨나요?"

"인터넷에서요."

최근 블로그 검색 노출에 대한 경쟁이 치열해지면서, 공무원 학원의 블로그 광고 방법도 변화하고 있다. 예를 들어 예전에는 '일반행정직 공무원'을 검색하면 국가직, 지방직 공무원 시험 일자, 시험 과목, 응시 자격, 합격선, 경쟁률에 대한 정보와 함께 하단에 학원이나 인터넷 강의에 대한 배너가 있었다. 그러나 최근에는 리뷰 형식으로 작성하여, 마치 수험생이 직접 작성한 것처럼 보이지만, 실제 읽어 내려갈수록 학원 광고임을 알 수 있는 경우가 많다.

혹은 '더 자세한 내용을 알고 싶다면 아래의 배너를 눌러주세요!' 는 말에 배너를 누르게 되면 개인 정보를 입력해야 하는 경우도 있다. 그렇다고 광고성 블로그에 있는 정보들이 모두 틀린 정보인 것은 아니다. 시험에 대한 정보들은 대부분은 옳은 편이지만, 가끔 잘못된 정보를 기재하거나 필수 정보가 빠져있는 경우가 있다. 다양한 검색어를 글 속에 포함하고 태그를 걸어놓으면, 제대로 된 정보가 없어도 상위에 노출되기 때문이다. 그리고 '전망 좋은 직렬', '합격하기 쉬운 직렬' 등의 검색어로 예비 수험생을 현혹하기도 한다.

　그러면 어떻게 광고성 블로그를 걸러낼 수 있을까? 혹은 어떻게 하면 제대로 된 정보를 얻을 수 있을까? 사공이 많으면 배가 산으로 간다는 말처럼, 이 사람의 후기를 보면 이 학원이 좋은 것 같고, 저 사람의 후기를 보면 저 인터넷 강의가 좋은 것 같다. 이 블로그에서는 "군무원이 합격선이 낮다."라고 하며 인터넷 강의로도 충분히 합격할 수 있다고 말하고, 저 블로그에서는 경찰 공무원이 증원된다며 기숙 학원을 추천한다. 예를 들어 '공무원 시험 독학' 을 검색하면 '공무원 시험 독학보다는 인터넷 강의' 라는 제목으로 인터넷 강의를 광고하거나, '독학으로 가능한 공무원 시험' 이라는 제목을 보고 클릭해 보면 '독학으로 공무원 시험에 합격하는 것은 어렵다' 로 시작한 학원 광고이다. 광고성 블로그를 걸러내는 방법은 해당 블로그의 카테고리를 확인하는 것이다. 카테고리를 보면 정말 수험생 블로그인지, 전문적으로 업체 광고를 하는 블로그인지 확인할 수 있다. 그러나 광고성 블로그를 완전히 걸러내기란 어려운 일이므로 필요한 정보만 골라서 받아들이는 센스가 필요하다.

따라서 공무원 시험을 준비하고자 한다면 가장 먼저 해야 할 일은 인터넷 검색이 아니라, '공무원 채용 공고문'을 확인하는 것이다. 사이버국가고시센터 또는 각 지역 시청 홈페이지에서 '공무원 채용 공고문'을 확인할 수 있다.

그리고 해당 연도 공고문에서 직렬, 시험과목, 근무처, 응시 자격, 가산점 등 공무원 시험에 대한 기본적인 정보들을 확인할 수 있다. 또한 사이버국가고시센터 시험안내에서 채용시험 종합 안내(FAQ)를 확인할 수 있고, 지원 자격 자가진단이 가능하다. 어떤 블로그나 홈페이지보다 정확하고, 내가 원하는 정보를 찾아볼 수 있다. 그 후 블로그나 카페를 통해 공무원 학원 또는 인터넷 강의에 대한 정보를 통해 공부 방법을 선택하는 것이 좋다. 그리고 가까운 공무원 학원에 직접 방문하여 앞으로의 계획에 도움이 되도록 상담 받는 것을 추천한다.

17

공무원 결격사유는
무엇인가요?

"상담은 상담실에서 도와드릴게요!"

"상담실 문 닫고 하면 안돼요?"

"네? 상담실 문은 열고 하는 게 좋을 것 같습니다."

"제가 좀 심각한 이야기를 해야 되어서요, 닫고 하면 안돼요?"

상담을 온 남성과 상담 직원의 대화이다. 이 남성은 상담실 문을 닫고 상담하기를 원했고, 남성의 태도가 무서웠던 직원은 필자에게 도움의 눈길을 보냈다.

"안녕하세요, 저는 상담 실장입니다. 상담이 잘 진행되고 있는지 제가 체크를 해야 하니 문을 열고 상담을 하는 게 좋을 것 같습니다."

"아, 네."

겨우 시작된 상담의 내용은 직원이 무서워할 만했다. 이 남성은 몇 년 전, 술집에서 있었던 쌍방 폭행으로 인해 폭행 전과가 있었다. 이 때문에 공무원 시험을 준비하고 싶은데 결격사유가 되는지에 대해 알아보고 싶어 학원을 방문한 것이다. 이렇게 종종 자신의 범죄 이력이 공무원 시험 결격사유에 해당하는지를 묻는 방문 상담이나 전화 상담이 있다. 그러나 학원에서는 상담자의 상황을 듣고 공무원 시험 준비를 할 수 있다, 없다에 대한 결정을 내려줄 수 없다. 추후 문제 발생 시 학원에 책임을 물을 경우 서로에게 난감한 상황이 발생할 수 있기 때문이다. 따라서 공무원 시험 결격사유는 〈국가공무원법 제33조〉와 〈지방공무원법 제31조〉를 확인한 후, 지역별 시청 총무과에 직접 문의하는 것이 가장 정확하다.

■ 국가공무원법 제33조(결격사유)

1. 피성년후견인 또는 피한정후견인 · 파산선고를 받고 복권되지 아니한 자

2. 금고 이상의 실형을 선고받고 그 집행이 종료되거나 집행을 받지 아니하기로 확정된 후 5년이 지나지 아니한 자

3. 금고 이상의 형을 선고받고 그 집행유예 기간이 끝난 날부터 2년이 지나지 아니한 자

4. 금고 이상의 형의 선고유예를 받은 경우에 그 선고유예 기간 중에 있는 자

5. 법원의 판결 또는 다른 법률에 따라 자격이 상실되거나 정지된 자

6. 공무원으로 재직기간 중 직무와 관련하여 형법 제355조 및 제356조에 규정된 죄를 범한 자 로서 300만 원 이상의 벌금형을 선고받고 그 형이 확정된 후 2년이 지나지 아니한 자

6의 2. 「형법」 제303조 또는 「성폭력범죄의 처벌 등에 관한 특례법」 제10조에 규정된 죄를 범한 사람으로서 300만 원 이상의 벌금형을 선고받고 그 형이 확정된 후 2년이 지나지 아니한 사람 (~2019.4.16.까지 적용)

6의 3. 성폭력범죄의 처벌 등에 관한 특례법 제2조에 규정된 죄를 범한 사람으로서 100만 원 이상의 벌금형을 선고받고 그 형이 확정된 후 3년이 지나지 아니한 사람(2019.4.17. 시행)

6의 4. 미성년자에 대하여 성폭력범죄의 처벌 등에 관한 특례법 제2조에 따른 성폭력범죄, 아동 · 청소년의 성보호에 관한 법률 제2조제2호에 따른 아동 · 청소년대상 성범죄를 저질러 파면 · 해임 되거나 형 또는 치료감호를 선고받아 그 형 또는 치료감호가 확정된 사람(집행유예를 선고받은 후 그 집행유예기간이 경과한 사람을 포함 ; 2019.4.17. 시행)

7. 징계로 파면처분을 받은 때부터 5년이 지나지 아니한 자

8. 징계로 해임처분을 받은 때부터 3년이 지나지 아니한 자

■ 외무공무원법 제9조제2항(외무공무원)

1. 국가공무원법 제33조 각 호의 어느 하나에 해당하는 사람

2. 대한민국 국적을 가지지 아니한 사람

■ 검찰청법 제50조 제3항(검찰청 직원)

1. 「국가공무원법」제33조 각 호의 어느 하나에 해당하는 사람

2. 금고 이상의 형을 선고받은 사람

■ 지방공무원법 제31조(결격사유)

1. 피성년후견인 또는 피한정후견인

2. 파산선고를 받고 복권되지 아니한 사람

3. 금고 이상의 형을 선고받고 그 집행이 끝나거나 집행을 받지 아니하기로 확정된 후 5년이 지나지 아니한 사람

4. 금고 이상의 형을 선고받고 그 집행유예기간이 끝난 날부터 2년이 지나지 아니한 사람

5. 금고 이상의 형의 선고유예를 선고받고 그 선고유예기간 중에 있는 사람

6. 법원의 판결 또는 다른 법률에 따라 자격이 상실되거나 정지된 사람

6의 2. 공무원으로 재직기간 중 직무와 관련하여 「형법」제355조 및 제356조에 규정된 죄를 범한 사람으로서 300만원 이상의 벌금형을 선고받고 그 형이 확정된 후 2년이 지나지 아니한 사람

6의 3. 「성폭력범죄의 처벌 등에 관한 특례법」제2조에 규정된 죄를 범한 사람으로서 100만 원 이상의 벌금형을 선고받고 그 형이 확정된 후 3년이 지나지

아니한 사람

6의 4. 미성년자에 대한 다음 각 목의 어느 하나에 해당하는 죄를 저질러 파
면·해임되거나 형 또는 치료 감호를 선고받아 그 형 또는 치료감호가 확정된
사람(집행유예를 선고받은 후 그 집행유예기간이 경과한 사람을 포함한다)

가.「성폭력범죄의 처벌 등에 관한 특례법」제2조에 따른 성폭력범죄

나.「아동·청소년의 성보호에 관한 법률」제2조제2호에 따른 아동·청소년대
상 성범죄

7. 징계로 파면처분을 받은 날부터 5년이 지나지 아니한 사람

8. 징계로 해임처분을 받은 날부터 3년이 지나지 아니한 사람

"저기요! 우리 딸 문신 있는데, 문신 있으면 경찰공무원 안된다면서요?! 왜 말 안
해줬어요?"

"네? 문신이 있다고요?"

"그래요! 그런 것도 확인 안 하고 뭐 한 거예요?"

경찰공무원을 준비하기 위해 등록한 지 3개월 정도 지난 여자 수험생 D
어머니와의 대화이다. D는 예쁘장한 얼굴에 차분한 이미지였기에, 상담과
등록 시 문신 여부를 물어보는 것을 생각지도 못했던 것이 화근이었다. 알고
보니 허벅지에 가로 13cm, 세로 20cm 정도, 복숭아뼈에 손바닥만 한 크기
총 2개의 문신이 있었던 것이다. 경찰공무원은 타 직렬보다 문신에 대해 엄

격하게 판단하고 있는데, 어찌어찌 신체검사를 넘기고 최종합격까지 가는 경우도 있다. 그러나 중앙경찰학교에서는 단체 생활을 하기 때문에, 누군가 문신을 발견하고 신고를 한다면 최악의 경우 퇴교 처리가 될 수도 있다. 경찰공무원의 결격사유는 경찰공무원법 제7조에 명시되어 있다. 이를 바탕으로 경찰청 문신 제한 기준은 문신의 내용, 크기, 노출 여부, 시술 동기 등을 종합적으로 판단하고, 문신 제거 수술을 시행하는 등 문신 제거의 노력을 통해 일반인이 문신의 형태를 정확히 판단하기 힘든 경우 극히 예외적으로 허용한다고 되어있다. 문신은 100% 제거가 힘들기 때문에 흉터가 남아 흉하게 보일 수 있으나, 경찰공무원이 되겠다는 의지만 있다면 극복 가능할 것이다. 여자 수험생 D는 문신 제거를 하기 싫었던 것인지, 시험 준비를 하기 싫었던 것인지 모르겠지만 결국 환불을 받고 경찰공무원 시험을 포기하였다. 그리고 이 환불 건은 경찰공무원 상담의 경우 성별과 연령대 상관없이 필히 문신 여부를 확인하게 되는 계기가 되었다. 최근 경찰공무원의 문신 여부에 대해 논란이 있지만, 아직까지 대한민국에서 공무원의 신분으로 자신의 표현의 자유를 표출하기에는 어려움이 있다. 따라서 최대한 문신은 안 하는 것이 좋고, 문신이 있음에도 불구하고 경찰공무원이 꼭 되고 싶다면 문신 제거를 위해 노력하는 것이 좋다.

■ 경찰공무원법 제7조
경찰공무원은 신체 및 사상이 건전하고 품행이 방정한 사람 중에서 임용한다. 다음 각 호의 어느 하나에 해당 되는 사람은 경찰공무원으로 임용될 수 없다.

1. 대한민국 국적을 가지지 아니한 사람

2. 복수국적자

3. 피성년후견인 또는 피한정후견인

4. 파산선고를 받고 복권되지 아니한 사람

5. 자격정지 이상의 형을 선고받은 사람

6. 자격정지 이상의 형의 선고유예를 선고받고 그 유예기간 중에 있는 사람

7. 징계에 의하여 파면 또는 해임처분을 받은 사람

18

공무원 장애 구분 모집은
무엇인가요?

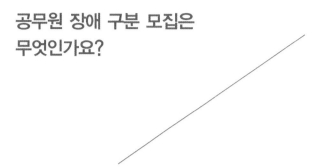

"저는 몸이 불편한 장애인인데, 공무원 시험을 준비할 수 있나요?"

국가직 공무원과 지방직 공무원에는 장애인의 공무원 임용을
촉진하기 위하여 선발 예정 인원의 일부를 장애인만이 응시할 수 있도록 구분
모집을 한다. 7급 및 9급 공개경쟁 채용시험의 공안 직렬 등을 제외한 직렬에
서 장애 직렬 구분 모집을 시행하는데, 응시원서 접수 마감일까지 장애인으로
유효하게 등록되어 있다면 응시가 가능하다.

종종 학원에 장애 구분 모집을 문의하는 수험생이 있다. 신체의 일부분이
불편하지만 일상생활에 큰 지장이 없는 수험생도 있고, 전동휠체어를 타야 할
정도의 중증 장애를 가진 수험생도 있다. 장애 구분 모집의 경우 합격선이 낮
아 도전해보는 것을 추천하는데, 합격 후에 업무를 하면서 동료들에게 피해가

될까 봐 선뜻 시작하지 못하는 경우가 많다. 그러나 아직 장애인에 대한 선입견이 있는 대한민국에서 공무원이라는 직업은 충분히 도전해볼 만한 가치가 있다.

학원에서 가장 기억에 남는 장애 직렬 수험생이 있었다. 일반 행정 장애 직렬을 준비하는 수험생 E는 항상 밝은 모습으로 인사하고, 자료를 받으면 감사하다는 말을 잊지 않았던 싹싹한 학생이었다. 그런데 첫해에 불합격을 했다. 한동안 모습을 보이지 않다가 몇 달 뒤 학원에 재등록을 하러왔고, 그동안 어떻게 지냈는지, 시험에 떨어진 원인이 무엇인지 등에 대해 서로 이야기하다가 친해지게 되었다. E는 재등록한 후 무엇이 부족했는지 점검하고, 기본 이론반부터 다시 시작하였다. 독서실도 함께 등록하여 열심히 공부하였으나 불합격하였는데, 원인은 필기시험 2달 전 찾아온 통풍 때문이었다. 집중해야 할 시기에 통풍이 와 입원을 하게 된 것이다. 퇴원 후에는 치료를 위해 병원을 왔다 갔다 하느라 학원 수업에 참여하지 못하였고, 막판 스퍼트를 올려야 할 시기에 그렇게 하지 못한 것이 불합격의 원인이었다. 또한, 몸이 아파 입원하고 움직이지 못하니 급격하게 체중이 증가하여 생활하는 데 불편함이 컸다.

상심해 하며 공무원 공부를 계속할지 말지를 고민하는 E를 달래주었다. 그리고 몇 달 뒤 E는 식이요법을 통해 15kg을 감량한 후 이번이 마지막이라고 말하며 다시 학원을 찾아왔다. 그런데 이번에는 필기시험 4개월 전부터 잦은 편도염으로 인한 고열로 고생했다. E는 결국 편도 수술을 받았다. 이때는 아직 회복되지 않은 아픈 몸을 이끌고 막판 문제 풀이 수업에 끝까지 참여하였는데, 하얗게 질린 얼굴로 식은땀을 흘리며 수업을 듣던 모습을 잊을 수가 없다. 정말 올해가 마지막이라는 생각으로 아픈 상황에서도 포기하지 않고 노력한 E는 그해 합격의 영광을 안았다.

"쌤, 그동안 도와주셔서 감사합니다."
"○○ 씨! 축하해요!"
"쌤, 이거 받으세요."
"와! 이게 뭐예요?

수줍은 모습으로 E가 내민 것은 아디다스 양말이었다. 커피를 사 올까 빵을 사 올까 고민하다가 실용적인 양말을 샀다며 포장을 못 해 죄송하다고 말했다. 양말을 받으며 무언가 마음 한쪽이 아려오는 것을 느꼈다. 3년 동안 E를 지켜본 것, 그리고 면접 준비를 하면서 들었던 E의 이야기가 머리를 스쳐 지나갔다. E는 '남을 배려하고 항상 도움이 될 수 있는 사람이 되어라' 라는 어머니의 가르침 아래, 장애를 가졌지만, 친구들과도 사이좋게 지내고 요양병원에 봉사활동을 했다고 한다. 그리고 다른 사람의 도움을 받기도 하면서 공무원으로서 국민을 위해, 민원인의 민원 해결을 위해 힘쓰고 싶다는 E의 말이 떠올랐다. 3년 동안 아프기도 많이 아팠고, 좋지 않은 형편에 공부하느라 혼자 속앓이도 하며 힘들었을 것이다. 이제는 E의 앞날에 좋은 일들만 가득하기를 바란다.

장애가 있다고 길이 없는 것은 아니다. 장애를 극복하고 성공한 인생을 산 사람은 수도 없이 많다. 장애가 있어 할 수 없다는 생각에 갇혀있지 말고, 공무원 장애 구분 모집에 지원해보기를 권한다. 일반 공무원 시험보다 합격선이 훨씬 낮다 할지라도 공부하는 것이 쉽지는 않겠지만 도전해 볼 만한 가치가 있다고 생각한다. 장애라는 것은 단지 몸이 좀 불편한 것에 지나지 않는다. 할 수 있는 일이 없다고 스스로 규정하는 순간 스스로 자신을 가두게 되는 것이다. 국가는 장애를 가진 사람도 일반 사람과 구분 없이 살아갈 기회를 준다. 스스로 긍정적인 생각을 가지고, 자신감을 가지고 도전해본다면 충분히 해낼 수 있는 것이 공무원 장애 구분 모집이다.

03 CHAPTER

제 3 장

공무원 공부,
이것만은 알고 하자

03

"
된다,
된다고 하면 된다.
된다고 생각하고
행동하면 된다.
말이 씨가 된다.
"

수험기간 중 슬럼프,
어떻게 극복하나요?

9년간 공무원 학원에서 근무하며 수험생과 함께 생활하다 보면 스스로가 직원인지 수험생인지 헷갈릴 때가 있다. 수험생보다 1~2개월 빨리 수험 일정을 챙기다보니 필자가 슬럼프가 오는 것을 느끼면 '아, 이제 수험생들도 슬럼프가 올 때가 되었구나.' 라는 것을 알게 된다. 수험생마다 개인차이는 있지만, 공무원 시험 기간에 따른 슬럼프는 크게 다섯 번으로 나눌 수 있다.

지방직 시험 6개월 전
국가직 시험 1개월 전
국가직 시험 후
지방직 시험 1개월 전

지방직 시험 후

　지방직 시험이 6개월 남았을 때는 시간이 많이 남은 것 같아도 학원 커리큘럼 상으로 문제 풀이가 시작되기 때문에 시험에 대한 압박을 느끼게 되면서 슬럼프가 오기 쉽다. 국가직 시험 1개월 전에는 아직 제대로 공부하지 않았는데 시험이 1개월밖에 남지 않았다는 압박감과, 3월이 되어 날씨가 따뜻해지면서 춘곤증으로 힘들어한다. 국가직 시험 후에는 자신의 예상과 다른 시험 점수를 보며 제대로 공부하고 있는 것인지에 대한 좌절감이 들어 슬럼프를 느낀다. 지방직 시험 1개월 전에는 국가직 시험 1개월 전과 똑같은 감정을 느끼면서도 달라진 것 없는 자신의 점수를 보며 '차라리 내일이 시험이었으면 좋겠다.'라는 생각을 하며 시험이 빨리 끝나기만을 바란다. 지방직 시험이 끝난 후에는 내년을 준비해야 하는지에 대해 심각하게 고민하면서 굉장히 긴 슬럼프 기간을 겪게 된다. 이 다섯 가지 슬럼프는 한 번도 공무원 시험을 응시해보지 않은 사람은 이해하기 어렵다. 그러나 공무원 시험을 응시해본 수험생이라면 200% 공감하는 이야기이다. 이 다섯 가지 큰 슬럼프 중 다섯 번째 지방직 시험 후에 오는 슬럼프가 가장 중요하다. 지방직 시험을 치고 난 뒤에 오는 슬럼프를 빨리 극복하고 진로를 재설정한 후, 다시 공부를 시작하기까지의 기간이 짧을수록 다음 해 합격 가능성이 높아진다. 실제로 필기시험을 응시한 후 가채점 결과를 보고 바로 다음 주부터 기본 이론 수업부터 다시 공부를 시작한 소방 공무원 수험생이 있었다. 최소한 일주일 정도는 쉬는 시간을 가질 만도 한데, 쉬지 않고 시험을 응시하기 전과 똑같은 모습으로 공부하는 것을 보고 조용히 존경의 박수를 보냈다. 그리고 이 수험생은 바로 그다음 해 소방공무원 시험에 최종 합격했다.

"이번에 제 친구는 해외 어학연수 간대요."
"엄마 친구 아들이 이번 국가직 공무원 시험에 합격했대요."

공무원 시험 준비 중 주변 사람으로부터 오는 슬럼프도 있다. 의도하지 않아도 들리는 주변의 소식에 흔들리기 시작하면 끝도 없는 슬럼프에 빠지게 된다. 주변의 소식에 쉽게 흔들리는 성격이라면 핸드폰을 정지하거나 카카오톡, 인스타그램, 페이스북과 같은 SNS는 시험이 끝나기 전까지 잠시 정지하는 것을 추천한다.

"선생님, 밖에 비가 와요."
"어머, 그러네! 시원하니 좋은데?"
"아니요, 우울해요…"

"오늘 날씨가 정말 좋다! 이제 정말 완연한 봄이네!"
"네…"
"왜 그래? 어디 아파?"

"아니요, 날씨가 너무 좋아서 짜증이 나요."

평소 예민한 성격의 수험생이라면 날씨의 변화도 조심해야 한다. 뭐 그런 것까지 신경 써야 하나 하겠지만 의외로 많은 수험생이 날씨의 영향을 받는다. 날이 너무 좋아도 붕 뜨는 기분에 집중이 안 되고, 날이 어둡거나 비가 내려도 축 처지는 기분에 집중이 안 된다. 특히나 환절기에는 옷을 얇게 입거나 춥고, 두껍게 입어 땀을 흘려 감기에 걸리는 경우도 많다. 그리고 아침부터 저녁까지 교실 안에 있다 보면 창문 틈으로 보이는 한줄기 햇빛에도 괜스레 답답함을 느끼게 된다.

학원에서 수험생과 이야기를 나누다 보면 수험생에게 슬럼프가 왔는지 직감적으로 느낄 때가 있다. 수험생 F의 경우 평소에는 밝게 인사하며 이야기도 잘 나누었는데, 어느 날 목소리는 평소와 똑같은데 어두운 낯빛으로 인사하는 것을 느꼈다. 처음에는 그냥 기분이 안 좋은 것이라고 생각했으나, 수업에 늦거나 수업 시간에 계속해서 교실 밖으로 나오는 것을 보게 되었다. 슬럼프를 직감하고 조용히 수험생 F를 불러내어 물어보았다.

"요즘 공부는 잘되고 있어요?"
그러자 멋쩍게 웃기만 했다.
"왜요, 무슨 일 있어요?"
"아니요."

"슬럼프인 것 같아요?"

"잘 모르겠어요."

"아이고, 왜 그런 것 같아요?"

"딱히 이유는 없는데 그냥 공부도 안 되고, 아무것도 하기 싫어요. 다른 사람은 멀쩡한 것 같은데 저만 그런 것 같아서 더 우울해요."

"우리 아무 말이나 수다 떨어볼까요?"

커피 한잔을 앞에 두고 시작한 대화는 2시간이 넘게 이어졌다. 단순한 계절 변화로 인한 슬럼프인 줄 알았는데, 알고 보니 공부가 잘 안 되어서 온 슬럼프였다. 공부한 지 6개월 정도 지났음에도 불구하고 처음 자신이 생각했던 것만큼 점수가 오르지 않자, 이렇게 공부하는 것이 맞는지에 대한 의심을 가지게 된 것이다. 그리고 스스로에 대한 의심이 생기자 공부에 대한 의욕이 감소하게 되었고, 슬럼프가 오게 된 것이다. 모든 공부가 그렇겠지만 공무원 시험 또한 합격하기 전까지는 모든 과목을 완벽하게 마스터했다고 말할 수 없으며 절대 자만하면 안 된다. 이것은 공무원 수험생이라면 누구나 느낄 수 있는 슬럼프이다. 특히 단어 테스트, 과목별 테스트, 전국모의고사 등을 싫어하는 수험생이 이러한 좌절감이나 슬럼프를 느끼는 경우가 많다. 피하고 피하다가 정말 피할 수 없을 때 억지로 응시한 모의고사에서 자신의 점수를 보고 충격을 받는 것이다. '피할 수 없다면 즐겨라', '매도 먼저 맞는 것이 낫다' 는 말처럼 두려워하지 말고 현실과 마주하기를 바란다. 그래야 지금의 슬럼프를 이겨내고 다음 단계로 올라갈 수 있다.

　공무원 수험 기간 중 수험생에게 오는 슬럼프는 시험 기간, 주변 소식, 날씨 변화 등 여러 가지 이유가 있다. 그렇기 때문에 언제 찾아올지 모르는 슬럼프를 이겨내기 위해서는 현재 자신의 학습상황에 맞추어 꿋꿋하게 공부해야 한다. 그리고 긍정적인 마인드를 바탕으로 주변 소식이나 날씨 변화에 휘둘리지 않을 수 있도록 오로지 자신에게만 집중해야 한다. 공무원 합격 후 공무원 증을 목에 걸고 있는 모습을 상상하며 다시금 합격에 대한 의지를 되새기는 것도 도움이 된다. 가장 중요한 것은 슬럼프가 나에게만 오는 것이 아니라는 것을 인지해야 한다. 누군가는 알게 모르게 스치듯 지나가기도 하고, 누군가는 며칠씩 방황하기도 한다. 합격과 불합격은 이 슬럼프를 누가 먼저 이겨내고 빨리 책상 앞으로 돌아오는지에 달려있다.

　두 시간 넘는 대화를 나누며 수험생 F가 자신감을 가질 수 있도록 많은 격려를 해주었고, 다시 눈빛이 살아나는 것을 볼 수 있었다. 우리는 서로 "파이팅"하며 상담을 마무리했다.

공부 방법을 잘 모르겠어요, 어떻게 해야 하나요?

"교과서 위주로 공부했어요."

수능이 끝난 뒤 전국 1등에게 공부 방법을 물으면 항상 빠짐없이 등장하는 답변이다. 우리는 이 답변이 식상하지만, 정답이라는 것을 알고 있다.

"기본이론서 3회독 이상 했고, 필기시험 2주 전부터는 기본이론서와 오답 노트를 집중적으로 보았습니다."

대부분의 공무원 합격 후기에 빠짐없이 등장하는 공부 방법 중 하나이다. 공무원 수험생에게 교과서는 과목별 기본이론서로, 몇 번을 말해도 부족한 것이 기본이론서의 중요성이다. 기본이론서의 두께는 한 권당 6cm 정도로, 다섯 권을 쌓으면 앞에 앉아있는 사람이 안 보일 정도이다.

"책이 이렇게 두꺼워요? 아이고, 무거워라!"
"무겁죠? 그런데 앞으로 우리 인생의 무게가 더 무거울 거예요. 화이팅!"

공부를 시작하면 기본이론서의 두께만큼 무서운 것이 수업 중에 나누어주는 추가 자료들이다. 기본이론서도 모르겠는데 추가 자료도 봐야 하고, 특강을 수강하게 되면 특강 교재가 별도로 주어진다. 공부해야 할 자료는 쌓여 가는데 공부를 어디서부터 시작해야 할지 몰라 방황하기 시작한다. 인터넷을 검색하여 합격 후기를 살펴보지만, '이 사람은 이렇게 했지만 난 이렇게 할 수 없을 것 같은데!' 라고 생각하게 된다. 그리고 실제로 이 단계에서 공무원 시험을 포기하는 수험생이 많다.

합격 후기를 찾아본 것까지는 좋은 생각이었지만, 그것을 어떻게 받아들이냐에 따라 합격과 불합격 여부가 나누어진다. 타인은 타인이다. 타인의 방법을 온전히 자신의 것으로 만들기 위해서는 생각보다 오랜 시간이 걸릴 수 있다. 강사 또는 학원 관계자의 도움을 받는 것도 좋은 방법이지만, 자신을 가장잘 아는 것은 자기 자신이다. 여러 가지 정보를 자신의 수준과 상황에 맞추어적절하게 배합할 줄 알아야 시간을 효율적으로 활용하며 자신만의 공부 방법을 찾을 수 있다.

합격자 A : "하루에 영어어휘 300개를 외우고, 영어 독해 문제를 10개씩 풀었습니다."

합격자 B : "독해와 어휘 실력을 기르기 위해 내셔널 지오그래픽 뉴스 대본으로 공부했습니다."

영어 강사 C : "영어 기본기가 부족하다면 고등학교 교과서부터 공부하세요."

학원 관계자 D : "영어 기본이론 수업을 반복 수강하면서 교재에 나오는 어휘와 문제부터 정복하세요."

실제 학원에서 영어 공부 방법에 대해 문의했을 때 나오는 답변이다. 영어 기본기가 많이 부족한 수험생이라면 영어 강사 C의 방법, 어느 정도 기본기는 있지만, 공무원 영어를 어떻게 공부해야 할지 모르겠는 수험생이라면 학원 관계자 D의 방법을 추천한다. 그리고 기본이론 수업을 2번 이상 반복한 후, 중상위권으로 올라가고자 하는 수험생에게는 모든 방법을 적용해 보며, 자신에게 맞는 방법을 찾는 것을 추천한다. 일주일은 합격자 A의 방법, 그다음 일주일은 합격자 B의 방법을 실행해본다. 두 가지 모두 괜찮았다면 공부량을 줄여 합격자 A와 B의 방법을 적절히 배합하여 나에게 딱 맞는 방법을 만들거나, 한 가지만 선택하여 집중적으로 공부한다. 그런데 두 가지 모두 나에게 맞지 않았다면 영어어휘 100개, 영어 독해 문제 3개 정도로 학습량을 줄여 다시 실행해본다. 이렇게 학습량을 늘리거나 줄이면서 나만의 공부 방법을 찾아가는 것이 중요하다.

그리고 대부분 수험생이 힘들어하는 것이 과목 간 공부 시간 배분이다. 공무원 시험은 5과목을 공부하는 만큼 과목별 적절한 공부 시간 분배도 중요하다. 대부분의 학원에서 월요일은 한국사, 화요일은 국어, 이처럼 하루에 한 과목씩 공부한다. 오전에 기본이론 수업을 진행하고, 오후와 저녁에는 특강과 문제 풀이로 이루어져 있다. 그래서 학원 커리큘럼을 따라간다면 하루에 한 과목만 집중적으로 공부할 수 있다는 장점이 있다. 하지만 하루에 한 과목만 공부하다 보니 일주일이 지나고 나면 기억이 나지 않는다는 단점도 있다. 그리고 학원 커리큘럼이 아니더라도 한 과목을 제대로 공부하기 위해서는 최소 5시간이 필요하기 때문에 하루에 두 과목 이상을 공부하기란 쉽지 않다.

따라서 자신에게 맞는 공부 방법을 찾기 위해서는 학원 커리큘럼 또는 본인의 학습 상황을 바탕에 두고, 가장 먼저 다섯 과목을 어떻게 배분하여 공부할 것인가를 정한다. 다음으로 영어 어휘, 독해, 사자성어, 한자와 같이 매일 공부해야 할 것을 정한다. 그리고 짧게는 일주일 길게는 이 주일 정도 실행해 보고 방법과 학습량을 조정한다. 그리고 이 방법을 통해 어느 정도 기본기를 갖춘 후 공무원 필기시험 일정에 맞추어 시험 여섯 달 전, 석 달 전, 두 달 전, 한 달 전의 공부 방법을 자신의 학습 수준에 맞추어 조정한다. 공부 방법에 정답은 없다. 모로 가도 서울만 가면 된다고 하지 않는가. 합격하겠다는 의지로 포기하지 않고 공부한다면, 공무원 최종 합격 후에는 나의 합격 후기에서 예비 수험생들이 자신의 공부 방법을 찾고 있을 것이다.

수험생이
꼭 지켜야할 7가지

– 아침 식사 하기

공무원 시험은 시험 당일 오전 9시까지 입실하여 시험 주의사항과 휴식 시간을 가진다. 그리고 오전 10시부터 시험이 시작되어 정확히 100분 후, 오전 11시 40분에 OMR카드를 제출한 후 시험장에서 나갈 수 있다. 즉, 입실 후 약세 시간 동안 물을 포함하여 아무것도 먹을 수 없음을 뜻한다. 그래서 공무원 수험생에게 아침 식사는 필수이다.

"에이, 전 원래 아침 안 먹어서 괜찮아요!"

괜찮지 않다. 아침 식사가 두뇌 회전에 좋다는 이야기는 많이 들어봤을 것이다. 평범한 일상생활을 하는 사람에게는 아침 식사가 큰 차이가 없을 수 있으나, 수험생은 다르다. 시험 당일 100분 동안 우리의 몸은 최대한의 에너지를 끌어 쓰게 된다. 평소보다 많은 에너지를 소비하게 되는 것이다. 평소에는 배가 고프지 않은 시간임에도 불구하고, 시험 중에 배가 고픔을 느낄 수 있다. 배가 고프다는 것을 인지하게 되면 집중력이 떨어진다. 그리고 배가 고파 배에서 꼬르륵거리는 소리가 나는 순간, 누군가 꼬르륵 소리를 들었을까 당황하게 된다. 그때부터는 문제가 눈에 들어오지 않는다. 이것은 나의 조언을 들은 수험생 열 명 중 열 명이 동의한 이야기이다.

"시험 칠 때 아침 먹고 갔니?"
"아니요, 아침은 원래 안 먹어요."
"배고팠겠네! 꼬르륵거리지 않았어?"
"안 그래도 배에서 꼬르륵거려서 당황했어요."

아침 식사라고 해서 꼭 밥을 먹으라는 말은 아니다. 간단한 선식도 좋고, 빵이나 시리얼도 좋다. 두뇌 회전에 도움이 될 정도, 에너지를 낼 수 있을 정도만 먹으면 된다. 그러나 평소에는 아침을 먹지 않다가 시험 당일 갑자기 안 먹던 아침을 먹는 것은 좋지 않다. 속이 좋지 않거나, 졸리거나 할 수 있기 때문이다. 그리고 이것은 배변 습관과도 이어지는데, 아침 식사를 해야지만 배변 활동을 하는 사람이 있다. 반면에 긴장하면 물만 먹어도 장에 가스가 차거나 화장실을 가는 사람이 있다. 그러므로 6개월에서 1년의 수험기간 동안 평소 식사 습관, 배변 습관을 길들여 놓는 것이 좋다. 아침에 밥, 빵, 선식 등을 번갈아 먹어 보고 어느 것이 부담스럽지 않으면서, 공부에 필요한 에너지 소모에 도움이 되는지 찾아본다. 그리고 아침에 배변 활동을 할지, 저녁에 배변 활동을 할지를 정해 최대한 일정한 시간에 갈 수 있도록 습관을 들이는 것이 좋다.

그리고 아침 식사를 하지 않으면 오후나 저녁이 되면 배고 고프고, 공부로 인한 스트레스를 풀기 위해 폭식을 하는 경우가 있다. 처음 학원에 등록할 때는 보통의 체격이었으나 인스턴트 위주의 불규칙한 식사와 폭식으로 인해 급격히 체중이 증가하는 것을 자주 보았다. 짜고 매운 음식은 순간적인 스트레스 해소에는 도움이 된다. 그러나 위와 장에 무리를 줄 수 있으며, 피부 트러블 유발, 체중 증가와 같은 결과를 초래하여 결국 또 다른 스트레스가 된다. 특히 여자 수험생의 경우 남자보다 기초대사량이 낮으므로, 똑같은 양을 먹어도 하루 종일 앉아서 공부하다 보면 금방 체중이 증가함을 느낄 수 있다. 그리고 많이 먹으면 그만큼 졸린다. 봄에는 따뜻해서, 여름에는 더워서. 가을에는 선선해서, 겨울에는 추워서 자고 싶다. 그래서 최대한 자극적이지 않은 음식을 적당한 양으로 먹는 연습을 해야 한다. 처음에는 힘들 수 있지만, 많이 먹었을 때와 적당량을 먹었을 때 컨디션을 비교해보면 왜 적당량을 먹어야 하는지 알게 될 것이다.

따라서 아침 식사를 하지 않는 수험생이라면 아침 식사를 하는 습관을 들이는 것을 추천한다. 특히 평소 먹는 것, 화장실 가는 것에 예민한 수험생이라면 이 부분에 대해 꼭 진지하게 생각하고 자신만의 식사습관과 배변 루틴을 정하는 것을 추천한다. 평소 아침 먹는 것 습관과 적당한 식단조절을 통해 시험 당일 시험에 집중할 수 있는 최고의 컨디션을 만들 수 있다.

– 수면시간 지키기

수험생의 기본자세는 규칙적인 생활이다. 그리고 규칙적인 생활의 기본은 최소 수면시간을 지키는 것이다. 공무원 공부를 시작함과 동시에 수면시간 체크를 해야 한다. 사람이 가장 참기 힘든 것이 수면욕이라고 할 만큼, 충분한 숙면 여부는 다음 날 온종일의 컨디션을 좌지우지한다. 먼저 학원 스케줄이나 본인의 공부 스케줄에 맞추어 본인의 기상 시간을 정한다. 예를 들어 7시 기상 시간을 목표로 정했으면, 11시에 취침하여 8시간을 자보고, 12시에 취침하여 7시간을 자본다. 그리고 다음 날 낮잠을 자지 않고 온종일 몰입하여 공부가 가능한지 체크한다. 일주일 정도 여러 가지로 시도한 후 기상 시간을 정하는데, 아침에 일어나는 시간은 8시를 넘지 않도록 한다. 이유는 시험이 9시까지 입실이므로 시험 당일에도 평소와 같은 루틴을 유지하기 위함이다.

하루 중 최소 30분이라도 낮잠을 자야 한다고 말하는 수험생이 있다. 낮잠이 필요하다면 점심 식사 후 30분 정도 자는 것은 괜찮지만, 불편한 자세로

30분 이상 엎드려 자는 것은 오히려 피로감을 느낄 수 있으므로 주의하도록 한다. 또한 잠이 오는데 잠을 깨기 위해 커피나 카페인 음료를 마시며 억지로 잠을 참기보다는, 잠깐 잠을 자거나 눈을 감고 휴식을 취하는 것을 추천한다. 그리고 간혹 새벽에 공부가 잘된다는 수험생이 있다. 이런 수험생의 경우 시험 한 달 전에 생활 패턴을 바꿀 수 있다면 새벽에 공부해도 좋다. 그러나 생활 패턴이 무너지면 마지막 스퍼트를 올리기가 힘들 수 있다. 위의 조언을 참고하여 개인의 성향에 맞게 수면시간을 조율하기 바란다.

– 매일 영어단어/사자성어 공부하기

대부분의 수험생이 가장 힘들어하는 과목은 영어이고, 영어를 공부하며 난감한 부분은 영어 단어를 외우는 것이다. 공무원 영어에서 기출과 예상 영어 단어는 아주 많으므로, 모든 것을 외울 수 없다. 그러나 영어에서 영어 단어를 모르면 문제 풀이가 불가능하므로, 합격하고 싶다면 영어 단어는 절대 포기할 수 없다. 그래서 수험 기간 초반에 영어 단어 암기를 습관화해주어야 최소 6~12개월의 수험 기간 동안 매일 꾸준하게 영어 단어를 공부할 수 있다. 처음에는 영어 단어 공부 시간을 따로 할애할 수 있지만, 공부를 하다 보면 다른 과목을 공부하기에도 시간이 부족하다고 느끼게 되어 영어 단어 공부를 소홀히 하게 된다. 따라서 매일 꾸준하게 영어 단어를 공부하기 위해서는 하루 중 틈틈이 짬을 내는 것이 중요하다. 식사할 때, 화장실에서, 버스에서, 잠시 쉬고 싶을 때 공원 벤치에서, 간식 먹으면서 계속해서 반복적으로 눈에 익히는 것이 좋다. 그러면 하루에 최소 1~2시간 정도 영어 단어 공부가 가능하다. 기초 단어가 부족한 수험생이라면 처음에는 기초 단어장을 3회독 이상 하고, 기출 및 예상 단어장으로 넘어가는 것을 추천한다. 또한 단어장은 서점에서 본인에게 맞는 것을 선택하고, 학원 수업 교재에서 나오는 단어를 추가로 공부한다.

한자성어 및 한자는 공무원 국어 시험에서 적으면 1문제, 많으면 3문제까지 출제된다. 그럼에도 불구하고 한자를 외우기 어렵다는 이유로 포기하는 수험생도 많다. 그러나 그 한 문제 차이로 합격 불합격이 갈릴 수 있다. 후회하고 싶지 않다면 한 번에 외우려 하지 말고 매일 열 개씩만 보자. 공무원 기출 한자성어는 600개 정도로 영어 단어에 비하면 아주 적다. 하루에 열 개씩만 보면 60일, 하루에 20개씩만 보면 30일밖에 걸리지 않는다. 최소 2회독을 한 후, 3회독부터는 한자의 음과 뜻을 유의해서 본다. 예를 들어 '동고동락(同苦同樂)'이라면, 한 가지 동(同), 쓸 고(苦), 한 가지 同(동), 즐길 樂(락) 이런 식으로 한자 하나하나의 음과 뜻을 보는 것이다. 아무리 보아도 한자성어가 잘 외워지지 않는다면 시중에 나와 있는 어린이용 한자성어 만화책을 추천한다. 쉬는 시간에 머리 식히면서 보기에 제격이다.

영어 단어와 한자성어는 꾸준히, 매일 보아야 한다. 그래야 시험 막바지에는 문제 풀이에 집중할 수 있다. 시험 막바지에 영어 단어와 한자성어에 대한 중요성을 알게 된다 하더라도, 그때는 방법이 없다. 현재 자신의 수준, 수험 시기에 맞추어 매일 꾸준히 공부하는 것만이 최선이다.

– 보이지 않는 시험과목, 기초 체력 유지하기

"시험이 얼마 남지 않았는데, 요즘 얼굴 보기 힘드네?"

"쌤, 저 요즘 아파서 병원 다녀요!"

"그랬구나! 어디가 아픈 거야?"

"허리도 아프고 온몸이 아파요!"

공무원 시험은 자신과 싸움이다. 그리고 자신과 싸움에서 이기기 위해서는 튼튼한 체력이 필요하다. 수험생이라면 한번쯤은 체력이 부족해서 공부하기가 힘들다는 느낌을 받게 될 것이다. 온종일 책상에 앉아있다 보면 허리, 어깨, 엉덩이, 목 등에서 통증을 느끼게 된다. 그래서 시험 막바지로 갈수록 병원에 다니느라 공부 시간을 뺏기는 수험생이 많다. 수험생에게 가장 많이 나타나는 증상은 거북목이다. 거북목을 방지하기 위해서는 바른 자세가 중요하고, 자세를 유지하기 위해서는 체력이 받쳐줘야 한다. 따라서 수험생활 끝까지 좋은 컨디션을 유지하기 위해서는 평소 운동을 통해 기초체력을 길러주는 것이 좋다. 그러나 공부와 운동을 병행하기는 쉽지 않은데 평소 운동을 즐기던 수험생이라면 틈틈이 할 수 있지만, 그렇지 않은 수험생은 어떤 운동을 해야 할지, 공부 시간을 뺏기는 것은 아닌지 하는 막막함을 느낄 수 있다. 하지만 수험생활 중 할 수 있는 운동이란 거창한 것이 아니라, 생활 속에서 할 수 있는 간단한 것이다.

- 5층 정도의 건물은 계단으로 다니기
- 버스 한 정거장 전에 내려서 걷기
- 틈틈이 가벼운 스트레칭

보통 학원이나 독서실은 3층 이상 건물에 있는 경우가 많다. 대부분의 수험생이 엘리베이터를 기다리겠지만, 운동을 위해 계단으로 걸어 올라가는 것을 추천한다. 3~5층 정도는 천천히 걸으면 땀도 나지 않고 숨도 차지 않는다. 뛸 필요도 없고 다른 요령도 필요 없다. 단지 천천히 걸어 올라가는 것뿐이다. 처음에는 이것조차도 힘들 수 있지만, 한 계단 한 계단이 모여 기초 체력이 된다. 그리고 집과 학원을 대중교통을 이용하여 다닌다면, 한 정거장 전에 내려서 걷는 것을 추천한다. 온종일 앉아서 공부하면 다리가 붓기도 하므로, 이렇게 잠깐이나마 걷는 것은 혈액순환에 도움이 된다. 또한 밤공기를 마시며 노래 한 곡 들으면서 하루를 마무리하기에 좋다. 마지막으로 가벼운 스트레칭을 한다. 스트레칭은 좋은 것을 알면서도 매일 실천하기가 힘든 부분이다. 유튜브를 찾아보면 앉아서 하는 스트레칭, 누워서 하는 스트레칭 등 다양한 스트레칭 방법이 있다. 일어나자마자, 자기 전, 잠 올 때, 화장실 갈 때 등 일과 중

틈틈이 간단하게 몇 가지 동작만 해주어도 혈액순환에 도움이 된다.

아무리 열심히 공부하고 합격 안정권에 이르더라도 건강을 해치면 공부하는 의미가 없어진다. 특히 시험 당일 체력이 부족하여 몸이 아프다면 평소 실력조차 발휘할 수 없다. 건강이 중요하지 않은 사람이 없겠지만 수험생에게는 특히 건강한 체력이 중요하다. 체력관리는 합격을 위해 포기할 수 없는 보이지 않는 시험과목이다.

– 둥글둥글하게 생각하기

공부를 하다 보면 예민해지는 경우가 있는데 이것은 당연한 것이니 당황하지 말자. 공부가 힘이 들어 웃을 힘도 없고 웃을 일 없는 수험생활 자체가 힘들겠지만, 그냥 둥글둥글하게 좋은 게 좋은 거라고 생각하며 살자. 그러면 마음이 편하고, 마음이 편해지면 공부에 집중할 수 있다. 힘들고 짜증나는 일이 있을 수 있지만, 수험생에게 있어서 무엇이 우선인지를 항상 생각해야 한다. 수험생에게는 시험공부가 우선이다. 주변에 일어나는 정치적인 일이나, 집안에 골치 아픈 일이나, 시험공부에 방해가 되는 일은 그냥 무덤덤하게 넘기는 마음이 필요하다. 지나고 나면 수험 기간 벌어진 일이 그다지 중요한 일이 아니었음을 알게 될 것이다.

공무원 학원에서 9년간 일한 경험으로 볼 때, 시험 3달 전부터 수험생이 예민해지는 것을 느낄 수 있었다. 이때는 수험생들이 조금이라도 편하게 수업을 들고, 학원 생활을 할 수 있도록 신경 쓰느라 필자 또한 굉장히 예민해지고는 했다. 그러니 수험생이 받는 스트레스는 얼마나 클지 가히 상상하기 힘들 것이다.

공무원 수험생활을 하다 보면 주변의 압박과 같은 외부적인 요인과 스스로와의 싸움 같은 내면적인 요인들로 인해 예민해지기도 한다. 이것은 개인마다 정도의 차이가 있을 뿐 공무원 수험생이라면 누구나 느끼는 문제이다. 그러니 '내가 왜 이렇게 예민해졌지?' 라며 당황하지 않아도 된다.

"선생님, 저 오늘 기분이 안 좋아요…"

"날씨가 이렇게 좋은데, 왜 기분이 안 좋을까?"

"아침에 엄마랑 싸웠어요."

"그랬구나! 그래도 엄마는 걱정되는 마음에 그러신 거니까, 이따가 마음 풀리면 아침에 죄송했다고 문자 한 통 보내 드려. 엄마도 지금 널 걱정하고 계실 거야."

가장 흔하게 수험생이 힘들어하는 부분은 부모님과의 충돌이다. 그럴 때는 먼저 미안함을 표현하는 것이 좋다. 어영부영 넘어가는 것보다는 먼저 미안함을 표현하면 자신의 마음이 편해지고, 상대방의 마음도 풀리게 된다. 자식이 잘못되기를 바라는 부모님이 어디 있겠는가, 걱정을 표현하는 방법이 서투를 뿐이다. 서운하고 힘든 부분은 대화를 통해 풀거나, 이도 저도 아니라면 둥글둥글하게 생각하고 넘어가자.

"왜 그렇게 씩씩대면서 오니?"

"선생님! 학원 오는 길에 어떤 사람이 제 어깨를 치고 가는 거예요!"

"그래서 어떻게 했어?"

"제가 불러서 사과 안 하냐고 하니까 쳐다보더니 그냥 가버렸어요!"

"아니, 뭐 그런 사람이 다 있지? 아침부터 속상했겠네!"

다음으로 수험생이 힘들어하는 부분은 일상생활 속에서 자주 일어나는 트러블이다. 보통 길에서 누군가와 부딪혔다거나, 편의점 아르바이트생이 잔돈을 던져줬다던가, 버스를 놓치는 것 등의 사소한 일이다. 이런 것은 '그 사람이 일부러 그러지는 않았을 거야, 그럴 거야' 라고 생각하며 바로바로 잊어버리는 것이 좋다. 그 잠깐의 일로 인해 불쾌한 기분을 온종일 가져가는 것은 절대 좋지 않다. 달달한 간식이나 커피 한 잔, 혹은 친한 친구와 전화 통화를 하면서 바로 털어버리는 것이 좋다.

'좋은 게 좋은 거지' 라는 생각으로 둥글둥글하게 생각하자. '지금 당장 화가 나는데 어떻게 그렇게 생각해?' 라는 마음을 이해한다. 필자 또한 그러하다. 그러나 우리는 목표를 달성하기 위해 스스로를 다스릴 줄 알아야 한다.

공무원 공부를 한 지 1년 이상 된 수험생은 스스로를 가두게 되는 경우가 있다. 한 번의 시험을 겪으면서 1년간 힘든 수험생활을 보냈기에 한 번 더 도전하기에는 겁이 나고, 포기하자니 공부한 것이 아까운 마음이 든다. 그러면

서 '난 안 될 거야, 해도 안 될 거야' 같은 부정적인 생각을 하며 스스로의 가
치를 깎아내리게 된다. 또는 합격하기 전까지는 아무도 만나지 않고, 공부 이
외에는 아무것도 하지 않겠다는 극단적인 생각으로 자신을 옭아매는 경우도
있다. 어쩌면 스스로와의 긴 싸움이 될 수험기간 동안 마음을 독하게 먹을 수
있다면 좋겠지만, 그렇지 못한 경우가 더 많다. 마음을 독하게 먹지 못한 것이
잘못되었다는 것은 아니다. 마음을 독하게 먹으려고 할수록 그것 또한 스스로
를 가두게 될 수 있다. 그러므로 스스로 해낼 수 있다고 생각하며 편안한 마음
으로 긍정적으로 생활하는 것이 좋다.

　비가 오면

　"비가 오네, 오늘은 목표치만큼 공부하고 나에게 주는 선물로 편하게 택시 타고
집에 가야지!"

　날이 좋으면

　"날이 좋으니 카페에서 커피 한 잔하면서 공부해야지!"

　누군가로 인해 짜증이 났다면

　"나는 곧 대한민국 공무원이 될 거야, 공무원으로서의 품위를 지키자."

　'말이 씨가 된다.' 라는 말을 알 것이다. 보통은 부정적인 상황에서 쓰이는
말이지만 필자는 이것이 옳은 말이라고 생각한다. 된다, 된다고 하면 된다. 된
다고 생각하고 행동하면 된다. 말이 씨가 된다. 둥글둥글하고 유연한 사고가

여러분을 합격으로 이끌 것이다.

– 적당한 인간관계 유지하기

"야! 오랜만에 술 한잔하자!"
"아, 나 요즘 공무원 시험 준비하고 있어서 술은 안 되겠다. 다음에 보자!"
"실망이다. 친구가 술 먹자는데 그게 그렇게 어렵냐?"

한 달에 한두 번, 주말을 이용해 지인을 만나는 것은 적당한 스트레스 해소와 동기부여에 도움이 된다. 단, 만났을 때 불필요한 에너지 소모를 하게 하는 상대는 피하는 것이 좋다. 나에게 힘을 주고, 나를 배려할 수 있는, 수험생활에 도움이 되는 사람을 만나야 한다. 정말 나를 생각하고, 내가 합격하기를 바라는 친구라면 이렇게 말할 것이다.

"그랬구나! 너무 오랜만에 연락해서 몰랐네. 공부하다가 힘들 때 연락해라, 밥이든 술이든 같이 하자!"

학원이나 스터디에서 알게된 사람들과 무리 지어 다니는 수험생들을 볼 수 있다. 학원에 다니다 보면 오며 가며 자주 보다 보니 자연스럽게 인사를 하며 친해지게 되는 경우도 있고, 스터디를 통해 알게 된 사람들과 공부 스터디의 본질에서 벗어나 친목으로 변질되는 경우도 있다. 학원도 사람이 사는 곳이고, 젊은 청춘이 대부분이다. 그리고 공시생이라는 공통점 때문에 서로 정보를 공유하고, 힘든 부분을 공유하면서 친해지는 것은 어쩌면 자연스러운 일이다. 수험생 간에 서로 공부와 시험에 대한 정보를 공유하는 것은 긍정적인 효과이다. 그러나 처음의 목적에서 벗어나 친목으로 변질되어 스터디나 쉬는 시간 외에 몰려다니는 것은 좋지 않다. 여기에서 다시 한번 되새겨야 할 것은 공무원 시험은 스스로와의 싸움이라는 것이다. 친해진 사람과 적당한 사이를 유지하기 위해서 스스로와의 싸움에서 이겨야 한다. 친해지면 더 이야기하고 싶고, 더 많은 시간을 함께 공유하고 싶은 마음이 생기는데 그것을 이겨내야 한다. 적당한 선을 지키며 서로 파이팅해서 동기부여하고, 힘든 부분을 이해해 주면서 함께 합격하는 것이 가장 좋다. 같이 놀고먹고 본인은 집에 가서 피곤해서 자는 그 시간에 상대방은 집에 가서 공부한다는 사실을 잊지 말자. 다른 수험생이 놀고, 먹고 자는 그 시간에, 항상 규칙적인 생활을 유지하고 주변 유혹에서 이겨낸 수험생은 합격한다는 사실을 잊지 말자.

– 공무원 학원 활용하기

요즘은 공무원 시험 준비를 위한 인터넷 강의가 굉장히 잘 되어 있다. 그리고 인터넷 강의로 공부하는 수험생도 날이 갈수록 증가하고 있다. 처음부터 인터넷 강의로 시작하는 경우도 있고, 처음에는 학원에서 공부를 시작한 후 어느 정도 기본기가 갖추어졌을 때 인터넷 강의로 공부 방법을 전환하는 경우가 있다. 인터넷 강의로 혼자 공부하다 보면 혼자만의 시간이 늘어나면서 점점 자신만의 세계에 빠지게 되는 경우가 있다. 지금 공부하는 것이 옳은 방법인지, 잘하고 있는 것인지, 성적은 오르고 있는지 알 수가 없다. 그래서 인터넷 강의로 혼자 공부하더라도 최소한으로 해주어야 할 것이 있다. 바로 각 지역에 있는 학원에서 매월 실시되는 전국 모의고사를 응시하는 것이다. 혼자 공부하더라도 전국 모의고사 응시 겸, 학원에 가서 다른 수험생은 어떻게 공부하는지 동향 파악을 하는 것이다. 학원에 다니지 않더라도 각 지역에 있는 어느 정도 규모가 있는 학원에서 전국 모의고사를 응시할 수 있다. 그리고 전국 모의고사를 응시하면 열흘 이내에 성적표를 받아볼 수 있다. 혼자만의 공부에서 벗어나 전국에서 내가 어느 정도의 위치에 있는지를 파악하여 앞으로의 공부 방법에 적용하는 것이 좋다. 또한 학원에서 문제 풀이 한두 과목을 들으며 다른 수험생을 지켜보는 것도 좋다. 학원에서는 어떤 방식으로 공부를 하는지, 나와 함께 시험을 응시하게 될 것 같은 지역 수험생들의 점수대는 어떠한지 살펴보는 것이다. '적을 알고 나를 알면 백전백승', 혼자 공부하지 말고 밖으로 나가자.

'수험생이 꼭 지켜야할 7가지'를 살펴보았다. 목표는 단 한 가지이다. 빨리 공무원 시험에 합격하는 것. 그 목표를 이루기 위해서는 위의 조건이 필요하다. 이 글은 수험생이 준수해야 할 필요충분조건이며 가장 기본적인 사항이다. 어떤 일을 하든지 기본은 중요하다. 기본을 지키지 않는 것은 허공에 집을 짓겠다는 의미와 같다. 이 글의 핵심은 몰입을 하라는 것이다. 언제 합격을 하든, 불합격을 하든, 수험 생활 기간이 개개인에게 나름 의미를 가지겠지만, 의미가 있다고 해서 무작정 질질 끌 수는 없는 노릇이다. 몰입을 하여 공부한다면 수험 기간을 그만큼 단축할 수가 있다. 수험 기간의 단축은 모든 수험생이 원하는 바가 아닌가? 그렇다면 그 필요충분조건을 충족시켜야 함은 당연한 일이다.

공무원 시험공부를 시작하려는 사람이나, 이미 공부를 시작한 사람이나 여기서 말한 '수험생이 꼭 지켜야할 7가지'를 필히 준수하기 바란다. 처음 결심은 당장 합격하고도 남을 정도로 확고하다. 하지만 시간이 지날수록 그 확고한 결심의 농도는 옅어진다. 그 이유는 위의 필요충분조건이 습관화되지 않았기 때문이다. 처음 공부를 시작하는 사람이 위의 조건을 명심하고 지켜나간다면 합격까지의 수험기간을 줄일 수 있을 것이다. 그리고 이미 공부를 하고 있는 사람이 이 글을 읽는다면 자신의 수험 생활을 돌이켜볼 기회가 될 것이다.

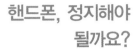

04

핸드폰, 정지해야
될까요?

"핸드폰은 정지해야 되죠?"

"아, 엄마! 핸드폰을 왜 정지해!"

"선생님, 핸드폰을 없애야 합격할 수 있잖아요?"

"선생님, 아니라고 말해주세요! 엄마, 왜 그래?"

"하하…."

상담을 마무리하면서 많은 공시생 중에서 합격생은 '빙산의 일각'이라는 말을 하자, 핸드폰 정지 여부를 두고 시작된 모녀의 귀여운 다툼이다. 많은 학부모가 핸드폰에 대해 정지해야 한다는 의견이 많지만, 핸드폰 정지 여부에 대해서는 수험생 당사자가 선택하는 것이 좋다. 핸드폰 사용 여부에 대해서는 스스로가 제일 잘 알고 있고, 성인이기 때문에 강압적으로 할 수 있는 부분은 아니다. 핸드폰을 사용한다고 해서 불합격하는 것은 아니며, 핸드폰을 정지한다고 해서 합격하는 것도 아니다. 합격과 불합격은 공부하는 시간 동안 얼마만큼 집중하느냐에 달린 것이지, 핸드폰 정지 여부에 달린 것은 아니다. 그리고 요즘은 핸드폰으로 인터넷 강의도 봐야 하고, 공무원 시험 정보도 체크해야 하기 때문에 아주 없앨 수는 없는 노릇이다. 보통 부모님이 핸드폰 정지를 권유하는 경우가 많지만, 종종 수험생도 핸드폰 사용에 대한 고충을 토로하기도 한다. 핸드폰이 없으면 일상생활이 불가능할 정도로 우리 생활에 깊숙이 자리 잡고 있기 때문에, 억지로 사용하지 않는다는 것 자체에 스트레스를 느낄 수 있기 때문이다.

평소 핸드폰을 주변 지인들과 연락하는 수단으로 사용하는 수험생이라면, 틈틈이 소통하며 스트레스 해소에 도움이 된다. 단, 공부 시간과 쉬는 시간 구분 없이 끊임없이 대화를 이어가는 것은 좋지 않다. 그리고 스트레스 해소를 넘어서 SNS에 집착하는 수험생이라면 시험 전까지 핸드폰 사용을 정지하는 것을 추천한다. SNS 속 사람들의 화려하고 재미있는 일상과 수험생인 자신의 모습을 비교하기 시작하면 슬럼프가 오기 쉽고, '좋아요'와 하트에 집착하면 공부에 집중하기 어렵다. 반면에 SNS를 활용하여 공부 인증과 소통을 하는 수험생도 있는데, 타인이 지켜보고 있으니 열심히 하게 되는 효과가 있다고 한다. 실제로 필자와 SNS 친구로 맺어져 있던 소방공무원 수험생이 SNS에 매일 기상인증과 마감인증을 하며 꾸준히 공부하더니, 합격 소식을 업로드

하는 것을 보았다. 이처럼 꼭 핸드폰을 정지하는 것만이 능사는 아니며, 적절히 활용한다면 오히려 시너지 효과를 낼 수 있다. 그렇기 때문에 핸드폰 정지 여부에 대해서는 수험생 당사자가 선택하는 것이 좋다. 굳이 핸드폰이라는 것에 대해 예민하게 반응하거나 고민하지 말자. 합격할 사람은 핸드폰이 백대라도 합격한다.

핸드폰 정지를 권유하는 경우

– 핸드폰을 손에서 놓지 못하는 수험생

– 인기가 많아 대화창에서 대화가 끊이지 않는 수험생

– SNS에서 다른 사람과 비교하며 우울함을 느끼는 수험생

– 뉴스나 주변 소식에 신경을 많이 쓰는 수험생

05

전국모의고사 활용은
어떻게 하나요?

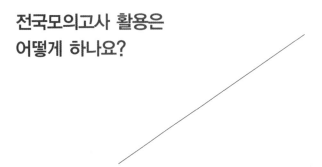

전국 모의고사는 전국 각 지역의 대표 공무원 학원에서 한 달에 두 번 이상 실제 시험처럼 오전 10시부터 11시 40분까지 100분 동안 실시한다. 그리고 OMR 카드를 작성하여 제출하면 열흘 이내에 성적표가 나온다. 응시 비용은 대부분 만 원 미만으로 부담 없이 응시할 수 있다. 전국 모의고사의 중요성에 대해서는 상담할 때부터 강조하고 있고, 학원에서 마주치는 수험생에게 인사만큼 자주 말할 정도로 중요하므로 전국 모의고사 활용에 대해 알아보자.

"이번 주 토요일에 전국 모의고사 있으니까, 한번 응시해보세요!"
"네? 어제 등록했는데요?!"

첫 번째, 전국 모의고사는 공무원 시험공부를 시작한 시점부터 응시하는 것이 좋다. 물론 제대로 공부를 시작하지도 않았는데 전국 모의고사를 응시하라는 말이 얼토당토않게 들릴 수 있다. 그러나 시작이 중요하다. '나를 알고 적을 알면 백전백승'이라는 말처럼, 본격적으로 공무원 시험공부를 시작하기 전에 국어, 영어, 한국사 필수과목에 대한 자신의 기초 실력을 파악하는 것이다. 자신의 기초 실력에 맞추어 앞으로의 과목별 공부 방향을 설정하기 위함이다. 예를 들어 영어의 경우 기초 실력이 부족하다면 영어 기본기를 갖추기 위해 어떤 강의를 수강할 것인지, 하루에 한 시간씩 영어 공부를 한다와 같이 공부 계획을 세우는 데 필요하다. 공무원 시험은 주먹구구식으로 공부해서는 합격하기 힘들다. 자신을 객관적으로 바라보고 치밀한 전략을 수립하여 실천했을 때 비로소 합격할 수 있다.

"이제 전국모의고사 응시할 때가 되었으니, 한번 응시해보세요!"
"네? 공부 시작한 지 얼마 되지 않았는데요!"

두 번째, 매월 전국 모의고사를 응시하여 현재 시점에서 나의 실력은 어느 정도인지, 계획한 대로 공부가 진행되고 있는지를 파악한다. 그리고 과목별 점수에 따라 공부 방향을 조금씩 수정해나간다. 예를 들어 지난달 모의고사에서 국어 사자성어 문제를 모두 틀렸다면 사자성어를 매일 30개씩 공부하는 것을 계획한다. 그리고 이번 달 모의고사에서 사자성어 문제를 맞았는지, 맞지는 않았지만 정답에 근접했는지, 문제를 제대로 이해했는지 등을 파악한다. 그다음으로는 단순히 사자성어만을 외우는 것이 아니라 한자 공부까지 범위를 확대하여, 한자와 사자성어 문제 모두 맞힐 수 있도록 공부한다. 공무원 국어에서 한자와 사자성어는 매 시험에서 최소 2문제씩은 꼭 나오는 파트로, 한자를 어렵게 생각해 포기하는 수험생도 있다. 그러나 반대로 조금만 공부하면 2문제를 맞히고 들어가는 보너스 문제가 될 수 있기 때문에 포기하지 않기 바란다. 이처럼 매월 전국 모의고사를 응시하면서 스스로 제대로 공부를 하고 있는지, 부족한 부분은 무엇인지 파악하는 것이 중요하다.

"이제 슬슬 전국 모의고사 응시해봐야 되는데, 한번 응시해보세요!"
"선생님! 무서워서 못하겠어요!"

세 번째, 필기시험 4~6개월 전부터는 현재 시점에서 다른 수험생의 위치를 파악하는 것이 중요하다. 과목별 평균 점수, 전체 평균의 석차백분율 그리고 전체 응시자 중 내가 상위 몇 퍼센트인지를 파악한다. 여기에서 중요한 것은 자신의 점수에 연연하지 않는 것이다. 어차피 공부에 마스터라는 개념은 없고, 점수가 잘 나올 것 같으면 애초에 전국 모의고사를 무서워하지도 않을 것이다. 그리고 점수도 중요하지만 숫자에 연연하다 보면 스트레스를 받을 수 있기 때문에, 점수에 연연하기보다는 과목별로 세운 계획에 따라 자신의 학습 성취도가 올라가는지를 확인한다. 전국 모의고사라 할지라도 모든 수험생이 응시하는 것은 아니기 때문에 정확한 수치는 아니지만, 대략적인 합격권 상위 점수를 파악하여 앞으로 남은 수험 기간 동안의 공부 계획을 세울 수 있다.

"더는 미룰 수 없어요! 제발 전국 모의고사 응시하세요!"

"(몸을 배배 꼬며 혹은 배시시 웃으며) 아이…."

네 번째, 필기시험 3개월 전부터는 전국 모의고사를 실전이라고 생각하고 전심을 다 하여 응시하는 연습을 한다. 수험생활 초기부터 전국 모의고사에 대한 중요성에 대해 말을 해주어도, 필요성을 느끼지 못하는 수험생이 많다. 그러나 적어도 필기시험 3개월 전부터는 실전과 똑같이 100분 이내에 OMR 카드까지 체크하며 시간 배분 연습을 해야한다. 일부러 OMR 카드를 교환해보면서 실제 시험에서 OMR 카드를 교환하더라도 당황하지 않는 연습을 하는 것도 좋다. 그리고 자신의 컨디션이 좋고 나쁨에 따라 점수가 오르락내리락할 수 있으므로, 컨디션에 따라 실수를 하지 않도록 평정심을 가지는 연습을 한다. 이 시점부터는 다른 사람의 점수나 조정점수는 중요하지 않다. 오로지 내가 할 수 있는 한 최대한 고득점을 받을 수 있도록, 시간 안에 모든 문제를 다 풀 수 있도록 집중하는 연습을 한다. 그리고 채점 후에는 확실하게 맞은 것, 틀린 것, 찍은 것, 모르는 것, 실수한 것을 파악하고 오답 노트를 통해 완전히 내 것으로 만드는 연습을 한다.

전국 모의고사 활용 TIP

공무원 시험공부를 막 시작한 수험생

1. 전국 모의고사 시험지를 천천히 훑어보며 풀 수 있는 문제는 풀어본다.

2. 풀지 못한 문제들을 답지를 보며 답을 살펴본다.

3. OMR 카드는 제출하지 않아도 좋다.

4. 굳이 오답 노트를 만들 필요까지는 없지만, 시험지를 잘 보관하여 추후 다시 풀어본다.

5. 과목별로 필기시험까지 남은 기간 동안 어떻게 공부할지 계획을 세운다.

공무원 시험공부를 시작한 지 6개월 이상 된 수험생

1. 시간에 맞추어 문제를 풀고 OMR 카드도 체크해본다.

2. 공부 계획에 맞추어 과목별 성취도를 파악한다.

3. OMR 카드를 제출하여 전국에서 현재 시점에서 나의 위치를 파악한다.

4. 채점 후 확실하게 오답 노트를 만든 후 부족한 부분을 공부한다.

"여러분, 이번 주에 전국 모의고사 있는 거 알죠? 꼭 응시하세요!"

"선생님, 저는 무서워서 못 치겠어요!"

"뭐가 무서워요?"

"아직 공부한 지도 얼마 안 됐고, 그날 약속이 있을 것 같기도 하고."

"공짜로 해줄게, 모의고사 날 보자."

"네…"

공무원 시험공부를 하는 데 있어서 중요한 역할을 하는 전국 모의고사이지만, 이것을 제대로 활용하는 수험생은 생각보다 그리 많지 않다. 심지어 공짜로 해준다고 해도 응시하지 않는 경우가 많다. 전국 모의고사가 중요한 것은 알지만, 자신의 점수를 현실로 마주치는 것이 두려운 것이다. 그러나 실전 연습을 많이 하면 실제 시험에서도 학원에서 모의고사를 응시하는 것 같은 느낌을 받아 편하게 자신의 실력을 발휘할 수 있다. 실제로 시험장에 갔더니 학원 학생들이 많아서 학원에서 모의고사 치는 것 같이 편한 느낌을 받았다고 말하는 수험생이 있다. 따라서 모의고사를 실전처럼, 실전을 모의고사처럼 할 수 있도록 하자. 두려움을 극복하면 합격에 가까워진다.

06

그룹스터디를 해도
될까요?

어느 정도 공무원 수험생활을 하다 보면 학원 수업은 들을 만큼 들어서 지겨운 것 같고, 혼자 하자니 심심해서 스터디를 찾아보게 된다. 그래서 보통 학원이나 공무원 수험 카페를 통해 지역별 스터디 모집 글을 보고 그룹스터디를 알아보게 된다. 또는 학원에서 오며 가며 알게 된 수험생끼리 스터디를 구성하기도 한다.

- 기상 스터디
- 생활 스터디
- 영어 단어 스터디
- 과목별 스터디
- 문제 풀이 스터디

스터디는 여러 가지 종류가 있는데, 보통 오프라인 스터디보다는 카카오톡이나 밴드를 통한 인증 방식의 스터디가 많다. 기상 스터디의 경우 정해진 시간에 일어나 기상 인증을 하고, 영어 단어 스터디의 경우 정해진 분량만큼 외우고 오프라인으로 만나 테스트한다. 과목별 스터디의 경우 하루에 스스로 계획한 만큼 강의를 듣고 수강 인증을 하거나, 스터디 내에서 정해진 분량만큼 듣고 인증하는 방식이다. 스터디 방식은 스터디장이 정한 방식대로 하거나, 오프라인에서 모여 함께 공부계획을 정하기도 한다. 또한 개인의 상황에 맞게 스터디를 고르거나, 스터디를 구성할 수 있다. 이렇게 다양한 방식으로 운영되고 있는 그룹스터디의 장점은 모르는 부분을 함께 공유하고, 질문하고, 고민하면서 힘든 수험생활을 함께 의지할 수 있다는 것이다. 그러나 그룹스터디의 단점은 그룹스터디를 잘 못 활용했을 때의 타격이 너무 크다는 것이다. 친해지고 사적인 것을 공유하기 시작하면 처음 스터디를 시작할 때의 취지를 잃게 되면서, 공부를 위해 만난 모임이 친목 모임으로 바뀌게 된다. 그리고 더 안 좋은 경우는 지난 모임에서 누군가가 나에게 한 말이 거슬리기도 하고, 구성원들 간에 연애를 하는 것 같으면 스터디 참여에 대해 불편함을 느끼게 된다. 이러한 불편함을 느꼈을 때 바로 스터디를 그만두면 좋겠지만, 그만둘 타이밍을 놓쳐버리면 상황은 점점 악화된다. 그러므로 스터디를 참여할 때는 '언제든지 내가 불편함을 느끼면 그만두겠다.'라는 마음을 먹고 시작해야 한다. 나와 맞지 않는데 억지로 참여하는 것은 시간낭비다. 물론 합격생 중에서 스터디를 했던 것이 합격에 가장 큰 역할을 했다고 말하는 수험생도 있다. 합격을 위해 스터디를 200% 활용하는 경우는 스터디원의 구성이 좋았고, 모든 스터디원이 스터디의 처음 취지에서 벗어나는 행동을 하지 않았을 때 가능하다.

스터디 활용 TIP

- 보카 스터디는 30분, 과목별/문제 풀이 스터디는 1~2시간을 넘지 않는 것이 좋다.
- 학원 스터디 룸을 사용하는 것이 가장 좋고, 통유리로 되어있는 오픈형 룸 카페가 좋다.
- 나와 맞지 않다고 느끼면 바로 그만둘 수 있도록 한다.

07

올해 떨어졌어요,
내년을 준비해야 할까요?

"선생님, 가채점을 해 봤는데 올해는 가능성 없는 것 같아요. 이제 어떻게 해야 할까요."

매년 지방직 공무원 필기시험이 끝난 후 수험생이 가장 많이 하는 질문이다. 수험기간이 3~4개월밖에 되지 않은 수험생은 처음부터 내년을 생각하고 왔기에 마음 편하게 내년을 준비하면 된다. 그러나 수험기간이 6개월~12개월 정도 된 수험생은 '내년 시험을 한 번 더 준비해야 하는지'에 대해 깊은 고민을 하게 된다. 그러나 이런 고민을 한다는 것은 마음속에 이미 한 번 더 준비하고 싶다는 마음이 있다는 것을 의미한다. 단지 본인 나름대로는 최선을 다한 것 같은데 생각만큼 점수가 나오지 못한 것에 대한 좌절감, 그리고 1년을 더 준비한다고 해서 내년에 합격할 가능성이 있는지에 대한 의구심이 질문 속에 포함되어 있는 것이다. 물론 최종 결정은 스스로가 하는 것이고, 스스로를 제일 잘 아는 것은 자기 자신이다. 최종 결정을 위해서 자신의 속마음과 자신이 처한 상황을 종이에 써 내려가 보는 것을 추천한다. 한 번 더 준비했을 때의 장단점, 기회비용, 잃는 것과 얻는 것 등을 종이에 쓰면서 생각을 정리할 수 있다.

〈예시 1〉

25살 : 한 해 더 준비해도 26살, 혹시 떨어지더라도 취업 준비할 여유가 있음

올해 점수 : 10개월 공부, 최종 점수 335점, 영어와 선택과목 부족

영어 : 어휘가 부족했던 것 같음, 어휘와 독해 시간만 맞춘다면 가능성 있음

선택과목 : 암기가 부족했음, 요령 안 통함

내년에 불합격 시

- 합격점수에서 − 15점 이내 : 한 번 더 도전
- 합격점수에서 − 30점 이내 : 포기
- − 15점과 − 30점 사이 : 그때 가서 다시 고민

〈예시 2〉

32살 : 회사까지 그만두고 7개월 공부

올해 점수 : 최종 점수 312점

원인 : 영어가 기본이 안 되어있음, 암기가 안 됨, 시험 자체를 너무 쉽게 본 것 같음

한 번 더 준비할 시 : 모아둔 여유 자금 300만 원 사용 가능, 생활비를 아껴 쓰면 가능

- 7, 8월 2개월 동안 영어 기본기 완성, 영어단어 교재 3 회독
- 7, 8월 2개월 동안 기본서 천천히 2 회독
- 학원 등록하여 심화 특강 수강

여자 친구 : 1년 정도 사귐, 결혼 생각 있음, 꼭 내년에 합격해서 결혼하겠음

불합격 시 : 결혼은 해야 함, 부모님도 걱정하심, 취업을 하겠음

가장 중요한 것은 '자신에 대한 믿음'이다. 내년에 꼭 합격하겠다는 의지가 있다면 한 번 더 도전하는 것을 추천한다. 한번 해봤으니 부족한 부분을 제대로 보완하면 충분히 합격할 가능성이 있다. 그러나 이것은 스스로 부족한 부분을 제대로 보완하겠다는 전제가 필요하다. '지금처럼 하면 되겠지'라는 안일한 생각으로는 절대 합격할 수 없다. '지금보다 더 노력해야' 합격할 수 있다. 대부분의 수험생이 지방직 공무원 시험이 끝나고 나면 짧게는 두 달, 길게는 넉 달 정도 쉬는 시간을 가지는데, 배고프면 먹고 싶고, 배부르면 앉고 싶고, 앉으면 눕고 싶고, 누우면 자고 싶은 것이 사람 심리이지 않은가. 천천히 공부하면서 쉬어도 되니 내년에 꼭 합격하고 싶다면, 너무 많이 쉬지 않고

바로 다시 시작하는 것을 추천한다. 내년 시험이 마지막이라는 각오로 과목별, 파트별로 부족한 부분을 파악하고 공부계획을 세운다. 이 길고 긴 싸움에서 이겨내기 위해서는 기본 이론이 탄탄하게 받쳐주어야 하므로 기본이론서부터 다시 공부한다. 그리고 내년에 불합격하더라도 미련 없이 공무원 수험생활을 그만둘 각오로 도전해야 한다. 시험은 올해도 있고, 내년에도 있고, 내후년에도 있고, 대한민국이 존재하는 한 공무원 시험은 있을 것이다. 그러나 매년 점점 더 많은 사람이 공무원 시험에 몰리고 있고, 시험의 난이도와 합격선이 올라가고 있다. 합격생들이 하나같이 하는 말,

"정말 마지막이라고 생각하고 공부했어요."

정말이다, 다음은 없고 이번이 마지막이라고 생각해야 합격한다. 또는 아니다 싶으면 빨리 포기하는 것도 한 방법이다. 아름다운 청춘을 몇 년이고 공무원 시험에 낭비할 수는 없는 노릇이다. 포기한다고 해서 인생이 망하는 것이 아니라, 공무원 시험이 나와 맞지 않았을 뿐이다. 마치 자격증 시험처럼, 한번 해봤는데 나와 맞지 않는 것뿐이다. 공무원 시험 준비라는 것도 한번 해봤으니, 내 적성에 맞는 다른 것을 찾으면 된다.

08

국가직 면접 준비와
지방직 필기 준비, 병행 가능한가요?

국가직 공무원 필기시험 결과는 보통 5월 초에 발표되고, 국가직 공무원 면접시험은 5월 중순 즈음이다. 그런데 지방직 공무원 시험은 대부분의 경우 6월 중순경이다. 국가직 필기 합격했다는 기쁨도 잠시, 수험생은 고민에 빠지게 된다. 국가직 필기시험에 합격한 사람은 5월 말에 있는 면접 대비와 6월 중순에 있는 지방직 필기시험 준비를 함께 해야 하는데, 면접 준비와 필기시험 준비를 병행하기가 쉽지 않은 것이다. 국가직은 지방직에 비해 채용인원이 많고, 국가직 필기 합격자는 보통 정원의 1.2~1.3배수 정도이다. 비율의 차이는 동점자가 얼마나 되느냐에 따라 결정된다. 이 말은 필기시험을 합격하더라도 떨어질 가능성이 20~30% 정도는 된다는 의미이다. 그리고 자신의 점수가 합격선에 가까울 경우 면접에서 떨어질 가능성이 높아진다. 그래서 자신이 받은 점수가 합격선에서 가까운 수험생의 경우 아쉽게도 떨어질 가능성이 높기 때문에, 대부분의 수험생이 국가직 면접 준비와 지방직 필기시험 준비 사이에서 고민을 하게 되는 것이다. 그러나 자신의 점수가 합격 안정권에 있는 점수라 하더라도 대부분의 수험생은 면접 준비와 지방직 필기시험 준비를 병행한다. 그 이유는 지방직은 자신이 거주하는 지역에서 일을 할 수 있는 가능성이 많기 때문에, 많은 수험생들은 국가직 공무원보다는 지방직 공무원을 더 선호하기 때문이다.

국가직 공무원 필기시험에 합격한 사람은 합격해서 기쁜 마음과 동시에 면접 준비와 지방직 공무원 필기시험 준비를 병행해야 하는 것에 대한 부담을 느끼게 된다. 그러나 선택의 여지는 없다. 국가직 면접시험을 쿨하게 포기할 수험생은 몇 명 없을 것이다. 이것은 많은 수험생이 겪는 문제이다. 이와 같은 처지에 있는 수험생에게 마인드가 중요하다는 말을 해주고 싶다. 우리가 흔히 아는 2관왕, 3관왕의 시작은 국가직 공무원 시험이다. 국가직 공무원 시험이 한 해 공무원 시험 중 가장 첫 번째 시험이면서 난도는 높은 편이기 때문이다. 즉, 국가직 공무원 시험에 합격한 수험생은 지방직 공무원 시험에 합격할 가능성이 높다는 말이다. 문제는 부담감을 갖는 것이다. 수험생은 자신만의 시험 준비 패턴이 있다. 그러나 이제껏 해온 패턴은 필기시험을 위한 것이므로 그 안에 면접 준비가 포함되어 있지 않은 것이 문제다. 그래서 수험생은 국가직 면접 준비와 지방직 필기시험과 면접 준비를 함께 하는 것이 불안한 것이다.

어쨌든 우리는 국가직 공무원 면접도 포기할 수 없고, 지방직 공무원 필기시험도 합격하고 싶다. 우리가 원하는 결과를 위해서는 기존에 하던 대로 필기시험 공부를 꾸준히 한다. 그리고 조금의 시간을 내어 면접 준비를 한다. 하루 중 2시간~4시간 정도 면접 준비를 하고 나머지 시간은 지방직 필기시험을 위한 공부를 한다. 불안해하지 말고, 면접 준비를 하면서 좋은 기운을 받아 지방직 필기시험도 합격할 것이라는 자신감을 가지자. 이 시기는 지방직 공무원 시험에 합격하기 위해 아주 중요하다. 마인드 컨트롤을 잘하자.

　-기존에 해오던 공부 패턴을 유지하자.
　-시간 안배를 잘하여 면접과 필기를 함께 준비하자.
　-마인드 컨트롤을 잘해야 한다.

09

40대의 공무원 시험 준비,
가능할까요?

'나이는 숫자 마음이 진짜, 가슴이 뛰는 대로 가면 돼.'

몇 년 전 한참 유행했던 노래의 한 가사처럼, 100세 시대가 되면서 나이에 연연하지 않고 하고 싶은 일에 도전하는 사람이 많아지고 있다. 그리고 직업 안정성이 낮아지면서 공무원 시험에 도전하는 40대도 조금씩 증가하고 있으며, 40대 이상이 합격한 사례도 종종 볼 수 있다. 실제로 학원에 방문 상담을 하는 30대 후반~40대가 늘어나는 것을 보면 공무원 시험 준비에 나이가 중요하지 않다는 것을 몸으로 느낄 수 있다.

어느 날 공무원 상담을 위해 학원에 방문한 한 부부는 함께 국어, 영어 공부방을 운영하고 있다고 했다. 충분히 먹고살 만하지만 공부방 특성상 오후부터 수업이 있고, 시험 기간에는 늦게까지 수업을 하다 보니, 이제는 가족과 함께하는 저녁을 원한다고 했다. 필수과목인 국어와 영어를 가르친다고 하니 동년배인 늦깎이 수험생에 비해 해당 과목에 대한 부담은 적을 것이다. 그러나 그렇다고 해서 공무원 시험 준비에 대한 부담이 없는 것은 아니다.

"공무원 시험 준비하시면, 공부방은 어떻게 하실 생각이신가요?"

"그것 때문에 계속 고민인데, 지금 맡고 있는 학생들이 있으니 당장은 못 그만두겠죠."

"그래도 제일 중요한 국어와 영어를 가르치고 계시니 병행하는 것도 괜찮으실 텐데요."

"젊은 학생도 하루에 20시간씩 공부해도 안 되는데. 수업 준비하고 수업하고 집안일하면서 공부까지 하기에는 무리일 것 같아요."

아무래도 공무원 학원을 찾아오는 30대 후반~40대의 경우 기혼자가 대부분이다. 남자는 가장이자 아빠로서 가정의 생활비를 벌어야 하는 부담이 있고, 여자는 아내이자 엄마로서 가족과 집안을 챙겨야 한다. 그러다 보니 자신이 맞닥뜨린 현실과 가정을 꾸려나가야 한다는 현실 앞에서 고민을 하게 된다. 멀리 보면 공무원 시험에 합격한다면, 앞으로 정년까지 안정성 있는 생활을 꾸려나갈 수 있다. 그러나 합격까지 얼마의 시간이 필요할지, 수험기간 동안 가족이 함께 인내해야 할 시간이 얼마나 필요할지 불확실하다. 게다가 공부방을 운영하는 현직 강사마저도 고민하는데, 고등학교 이후로 국어, 영어,

한국사, 특히 영어를 공부한 적이 없는 대다수의 40대에게 공시생이 되는 것은 큰 용기가 필요하다.

40대라면 자신의 업종과 관련 있는 경력직 공무원을 찾아보는 것도 좋다. 직렬별로 다양한 직렬에서 경력자를 채용한다. 또한 경력 경쟁의 경우 국어, 영어, 한국사 필수과목을 보지 않는 직렬도 있기 때문에 훨씬 유리할 수 있다. 채용 인원이 공개 경쟁에 비해 적을 수 있지만, 실적과 자격 조건이 필요하기 때문에 시험을 준비하는 인원이 많지는 않다. 시험 일정이 직렬별로 다를 수 있고, 특채로 채용하는 경우도 있기 때문에 꼼꼼한 사전 조사가 필요하다. 공군 용접 경력 경쟁에 필기 합격하여 면접 준비를 위해 학원에 방문한 40대 중반의 남성이 있었다. 말주변이 부족하여 활발한 성격의 아내와 함께 방문하였던 남성은 20년이 넘는 용접 경력이 있었다. 용접기능장 자격증을 취득하고 용접 팀장으로 근무하던 중 우연한 기회에 공군 경력 경쟁을 접하게 되었다고 했다.

"일하시면서 공부하는 게 쉽지 않으셨을 텐데요, 대단하십니다!"
"감사합니다. 아무래도 전문과목만 공부하면 되니까 그나마 수월했습니다."
"자녀분이 몇 살인가요?"
"이제 중학교 2학년입니다."
"와! 자녀분이 아빠를 굉장히 자랑스러워하겠어요!"

"안 그래도 아빠 대단하다고 자랑하고 난리가 났습니다, 하하!"

적극적인 태도로 자기소개서 첨삭과 면접 특강을 수강한 남성은 최종 합격하게 되었고, 필자에게 문자와 전화로 감사 인사를 전하였다.

아이를 등에 업은 아내와 함께 방문한 남편, 아내의 권유로 경찰공무원을 준비하게 된 남편, 남편의 적극적인 지지를 받는 아내, 고등학생 아이를 둔 엄마 등 각자의 사연을 가지고 학원에 온다. 이들 중 합격한 이도 있고, 불합격한 이도 있다. 그러나 우리가 이들에게 본받아야 할 것은 '책임감'이다. 더 안정적인 직업으로 가정을 꾸려나가고자 하는 부모로서의 책임감, 그리고 옆에서 합격할 수 있도록 물심양면 도와주는 가족의 사랑이 바로 합격의 원동력일 것이다.

10

직렬을 바꿀 수 있나요?

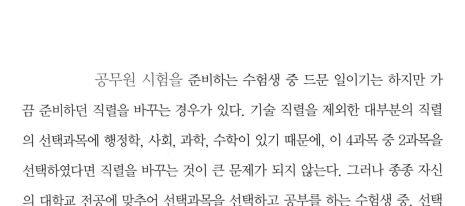

　　공무원 시험을 준비하는 수험생 중 드문 일이기는 하지만 가끔 준비하던 직렬을 바꾸는 경우가 있다. 기술 직렬을 제외한 대부분의 직렬의 선택과목에 행정학, 사회, 과학, 수학이 있기 때문에, 이 4과목 중 2과목을 선택하였다면 직렬을 바꾸는 것이 큰 문제가 되지 않는다. 그러나 종종 자신의 대학교 전공에 맞추어 선택과목을 선택하고 공부를 하는 수험생 중, 선택과목에 대한 부담으로 직렬을 변경하는 경우가 있다. 하지만 시험 과목을 바꿔가면서까지 직렬을 바꾸는 경우에는 신중한 결정이 필요하다.

　　일반행정직 공무원을 준비하던 남자 수험생 G가 있었다. 엄하신 편이었던 G의 아버지는 현직 공무원이었고, 경찰공무원이나 소방공무원을 생각하고 있었던 G는 아버지의 권유에 따라 일반행정직 공무원을 준비하게 되었다. 국어, 영어, 한국사 필수과목에 대한 기본이 잘 갖춰져 있던 G는 학원 수업에 금방 적응하였다. 체격도 좋고 성격도 시원하여 기대되는 수험생이었다. 일반 행정직 공무원의 경우, 보통 국가직 필기시험은 4월이고 지방직 필기시험이 6월이다. 그런데 2월에 있었던 경찰공무원 1차 필기시험을 연습 삼아 응시했던 G가 필자를 찾아오더니

"선생님! 저 경찰 필기시험 합격했어요!"

라고 말하는 것이 아닌가! 경찰 필기시험에 합격한 G는 아버지 몰래 경찰 면접을 준비하게 되었고, 경찰학개론 이론 수업까지 수강하며 나름 열심히 면접을 준비하였다. 그렇지만 아쉽게 불합격한 후. G는 완전히 경찰공무원으로 직렬을 바꾸었고, 필기시험 준비, 체력 준비, 면접 준비를 병행하였다. 그리고 같은 해 경찰 2차 필기시험에서 최종 합격을 하였다. 물론 최종 합격할 때까지 아버지에게는 비밀이었지만, 합격 후 아버지에게 이실직고를 했다. 그러자 아버지는 여기저기 전화로 아들의 합격 소식을 알리며 기뻐하셨다고 한다. 귀한 아들이 고생 안 했으면 하는 아버지 마음이었겠지만, 직렬까지 바꿔가며 경찰공무원이 된 만큼 대한민국 국민들에게는 사명감 넘치는 경찰공무원을 얻었으니 감사할 따름이다.

사회복지직 공무원 면접 특강을 진행하면서, 자기소개서 첨삭을 하던 중이

었다. 남자 수험생 H와 자기소개서 첨삭을 하면서 예상 질문이 나올 만한 부분에 대해 이야기를 나누고 있었다.

"그럼 대학 졸업을 3년 전에 하고, 지금 사회복지직 공무원 합격하기 전까지 3년을 공부하셨어요?"

"아니요. 사회복지직 공무원은 1년 정도 준비했어요."

"그럼 나머지 2년은 뭘 하셨어요?"

"사실은 1년 정도 교정직 공무원 시험공부를 해서 합격을 했습니다. 그리고 일하면서 사회복지직 공무원 시험을 준비했습니다."

"그럼 현직 공무원이시군요!"

H는 1년 정도 교정직 공무원을 준비하여 합격한 후, 실제로 일을 해보니 자신의 적성과는 맞지 않다는 것을 느꼈다고 했다. 생각보다 교도소는 조용했고, 발로 뛰면서 무언가 보람된 일을 하고 싶었던 H는 오랜 고민 끝에 사회복지직 공무원을 준비하게 되었다고 한다. 일과 공부를 병행하는 것이 쉽지 않았을 텐데, 의지로 필기 합격이라는 결과를 얻어낸 것이다. H는 혹여나 현직 공무원이라는 것이 면접에서 걸림돌이 될까 걱정하였지만, 걱정이 무색하게도 사회복지직 공무원에 최종 합격하였다. 현직 공무원으로 일하면서도 자신의 적성을 찾아 직렬을 바꾼 만큼, 대한민국 사회복지직 공무원으로서 정말 필요한 인재라는 생각을 하였다.

직렬별 근무처에 대한 정보를 누구나 얻을 수 있지만, 그 근무에 대한 정보는 대표적인 경우가 많다. 직렬을 선택할 때 주의할 점은 내부적으로 세부 부서도 많다는 것이다. 대표적인 근무 환경만 보고 앞으로 30년을 일할 직렬을 선택하는 것은 쉽지 않은 일이다. 신중하게 생각하라는 말이 크게 와닿지 않는 것도 사실이다. 처음 직렬을 선택할 때 자신의 적성을 파악하여 향후 10년, 20년, 30년 후를 보고 선택하는 것이 좋다. 하지만 공부를 하면서 또는 합격 후 일을 하면서 이 직렬이 나에게 맞지 않다는 생각이 든다면, 직렬을 바꾸는 것도 나쁘지 않다. 아무리 공무원이 안정된 직업이라지만, 내가 하고 싶은 일, 내가 보람을 느낄 수 있는 일을 하면 자신의 내적 가치를 높일 수 있다. 그것이 사회적으로도 의미가 있음은 물론이다.

11

수강 중에 강사를
바꾸어도 될까요?

서울의 유명 강사들 중에는 아이돌 못지않은 팬클럽을 가지고 있는 강사들이 있다. 화려한 외모에 재치 있는 입담, 깔끔한 수업 진행은 수험생을 매료시키기에 충분하다. 소위 말하는 스타강사이다. 스타 강사가 학원을 옮기면 학생도 학원을 옮기는 경우도 있다. 이렇게 선호하는 강사를 믿고 따르는 수험생은 강단에 서있는 강사의 말이 모두 맞고, 보이는 모습이 전부라고 생각하는 경향이 있다. 그러나 실제로는 수험생이 생각하는 것만큼 청렴하고 인성이 좋지 않은 강사도 많이 존재한다. 성희롱이나 인격 모독적인 발언, 수험생과의 불미스러운 소문, 학원 비방, 직원이나 학생과 말싸움을 하는 등 학원 안에서도 본성을 숨기지 못하고 드러내기도 한다. 그리고 사기죄로 고소를 당해 법원을 들락날락하거나, 월급통장이 압류된 경우도 있다.

그에 반해 오로지 수험생 밖에 모르는 강사도 많이 있다. 밤새 강의 준비를 하고 아침 9시부터 저녁 10시까지 서서 강의를 하다가 응급실에 실려 가는 경우도 있었다. 그런 강사는 매주 완벽한 강의 준비를 해온다. 그리고 수강생이 몇 명이든지 상관없이 1대1 과외처럼 한 명 한 명 꼼꼼히 과제를 챙기고 성적 체크를 하며 피드백을 해주는 강사도 있다. 한 강사는 150명 정도 수강하는 수업이었는데, 직원들 편하라고 집에서 수업 자료를 직접 복사해오기도 했다.

강사도 사람인지라 안 좋은 부분도 있고, 좋은 부분도 있지만 강사들의 사적인 부분, 인성 부분을 수험생들이 알리는 만무하다. 그래서 수험생은 오직 강단에서 보이는 모습만을 보게 되는데, 이것이 사람마다 다르게 느껴지는 것이다.

"이 과목 수업 환불할 수 있을까요?"

"무슨 일 있어요?"

"아, 그냥 저와는 뭔가 잘 안 맞는 것 같아요."

보통 수업을 듣다가 환불을 요구하는 경우 이유를 물어보면 대부분 저렇게 얼버무리는 대답을 한다. 그것은 무언가 딱 집어서 안 좋은 점을 말할 수는 없지만 정말로 뭔가 잘 안 맞는다고 느끼는 것이다. 싫은데 이유가 어디 있겠냐만, 우리는 현실적으로 생각해야 한다. 인터넷 강의든 현장 강의든 환불은 쉽지 않거나, 자신이 생각한 것보다 적은 금액을 환불받게 된다. 그리고 내 마음에 쏙 드는 강사와 가격대를 찾기란 하늘의 별 따기다. 필자 또한 대학, 대학원을 다닐 때 마음에 쏙 드는 교수는 별로 없었다. 하지만 내가 싫다고 해서 한순간에 교수가 바뀔 수는 없다. 좋은 학점을 받기 위해 꿋꿋이 수업을 들을 수밖에 없다. 인터넷 강의나 학원도 똑같다. 절이 싫으면 중이 떠나는 것이지만, 우리는 공무원 합격이라는 목적이 있다. '저 강사는 나보다 이 과목에 대해 조금 더 많이 알고 있고, 요령을 알고 있기 때문에 강단에 서있는 것이야'라고 단순하게 생각하는 것이 좋다.

가끔 환불하고 싶은데 정말 별다른 이유가 없는 수험생들에게 똑같이 해주는 필자의 이야기가 있다. 22살 겨울, 중국 어학연수 갔을 때 일이다. 듣기 과목 담당 선생님이 유독 필자에게만 어려운 질문을 하고 답을 하지 못하면 면박을 주는 것 같았다. 울기도 많이 울고 한국으로 가버릴까 잠시 고민도 했지만 자존심이 상했다. 그래서 필자는 밤새 공부를 했다. 예상 질문에 대한 모든 답변을 준비했다. 몇 번의 수업이 지나자 선생님이 필자를 보는 눈빛이 달라지는 것을 느꼈고 점차 농담도 하며 친해지게 되었다. 어느 날, 이 선생님이 미국 유학생들을 담당하기 위해 떠난다는 이야기를 들은 필자는 선생님을 찾아가 중국어로 따지기 시작했다.

"나도 똑같이 돈 내고 왔는데 왜 선생님이 미국 유학생을 담당한다고 우리를 맡지 않는 것입니까? 전 받아들일 수 없습니다. 전 선생님이 아니면 수업을 듣지 않겠습니다."

그러자 선생님은 잘못된 정보임을 알려주었고, 민망해하는 필자에게

"너 정말 중국어 잘한다!"

라고 칭찬까지 해주었다. 처음에는 자존심이 상해 억지로 했던 공부였지만, 어느새 선생님에게 칭찬받는 재미에 더 열심히 공부하게 되었다. 그리고 그것은 현지인에게도 칭찬받는 유창한 중국어를 구사하게 된 밑거름이 되었다. 끝까지 그 선생님을 싫어한 학생도 있었지만 필자는 준비해간 한국 전통 열쇠고리를 선물할 정도로 선생님과 친하게 지냈다.

모든 일에는 양면성이 있다. 동전의 양면처럼 서로 다른 것을 의미한다. 자신과 맞지 않은 선생님이라 할지라도 그 자리에서 강의를 하는 것은 학원에서 그만큼의 자격을 갖추었다는 판단이 섰기에 가능한 일이다. 학원은 복지 재단이 아니라 영리를 목적으로 한다. 자격이 되지 않는 강사를 세웠을 때는 학원은 타격을 입을 수 있다. 이런 타격을 예상하고 강사로 세울 리는 만무하다. 동전에 양면이 있듯이 사람에게도 좋은 점과 좋지 않은 점이 있다. 강사가 마음에 들지 않는 경우에는 그 강사의 좋지 않은 점만 본 경우가 많다. 모든 수강생이 그 강사가 마음에 들지 않는다면, 학원에 이의를 신청할 수도 있다. 하지만 다른 수강생은 아무 말 없이 그 강의를 듣는데, 단지 자신이 마음에 들지 않는다면, 그 강사의 장점을 보도록 하는 노력도 필요하다. 필자의 중국 어학연수 때의 일처럼, 좋지 않은 상황이 더 좋은 상황으로 바뀌는 계기가 될 수도

있는 것이다.

"강사님은 서울에서 오시나요?"

"서울에서 오시는 강사님도 있고, 지방 강사님도 계세요."

"강사님은 서울말을 쓰시나요?"

가끔 무조건 서울에서 오는 강사를 찾거나, 서울말을 쓰는 강사를 찾는 수험생이 있다. 그러나 서울 소재의 학원에서는 강사와 전속으로 계약하지만, 대부분의 공무원 학원 강사는 전국의 학원을 다니며 요일별로 강의를 하는 경우가 많다. 그리고 서울 소재의 학원 강사라고 해서 다 잘 가르치는 것은 아니며, 지방 강사라고 해서 못 가르치는 것은 아니다. 단지 강의를 하는 장소가 다를 뿐 수험생에 대한 애정과 수업의 질은 다르지 않다.

학원에서 강사는 중요하다. 좋은 강사에게서 강의를 듣는 것도 좋다. 하지만 더 중요한 것은 자신이다. 공무원 시험공부는 강사가 하는 것이 아니라 수험생 자신이 해야 한다. 스타 강사에게서 수업을 듣는다고 다 공무원 시험에 합격을 하는 것은 아니다. 그렇기에 강사를 따라 이리저리 움직이는 것을 추천하고 싶지는 않다. 강사를 공부하는 길을 안내하는 사람이라고 말할 수 있겠지만, 그 길을 향해 걸어가는 것은 결국 수험생 자신의 몫이다. 강사를 바꾸기도 어렵겠지만 만약 바꾼다 하더라도 새로운 강사의 스타일에 적응하기까지는 또 많은 시간을 소모해야 한다. 이래저래 좋지 않은 상황이 야기되어 그 것을 핑계로 공부에 소홀해질 수 있다. 만약 해당 강사가 모든 수강생에게 좋지 않은 평을 듣고 있다면 수험생의 선택을 지지한다. 그러나 그렇지 않은 경우 다른 대체 방안이 없는 상황에서는 자칫 수험생활이 어긋날 수 있기 때문에, 수강 중간에 아무 이유 없이 환불을 요구하며 듣는 것을 중단하는 것은 권하지 않는다.

지금 듣고 있는 수업의 강사가 여러 가지 이유들로 마음에 들지 않아 환불을 고민하고 있는 수험생이 있다면, 구관이 명관이라는 말을 해주고 싶다. 마음에 안 든다, 안 든다 하면 계속 안 좋은 점만 보이게 되어있다. 다른 부분은 신경 쓰지 말고 오로지 수업에만 충실하고, 강사가 가지고 있는 노하우와 요령을 흡수한다고 생각하자. 그리고 이 책을 보고 있는 강사님들이 계시다면, 학원의 말에 귀 기울여 달라고 말하고 싶다. 학원은 수험생들의 말을 취합하여 강사에게 그대로 전달하지 않고 좋게 돌려서 이야기한다. 무언가 말이 나왔다는 것은 본인도 모르게 수험생에게 불편함을 야기하는 습관이 있다는 것이니 주의 깊게 듣고 조금씩 개선하기를 바란다.

12

부모님이 반대해요. 부모님이 강요해요. 어떻게 해야 할까요?

공무원 시험을 준비하고자 하는 수험생 중에 종종 부모님이 공무원 준비를 반대하거나 혹은 강요하는 경우가 있다. 보통 부모님이 반대하는 경우는 소방공무원, 경찰공무원처럼 위험한 일을 할 수 있는 직렬을 선택하는 경우이다. 이런 경우는 수험생도 절대 자신의 뜻을 굽히지 않기 때문에 다른 직렬을 선택하는 합의가 도출되기란 쉽지 않다. 부모님이 반대하는 이유는 두 가지이다. 첫 번째는 공무원 시험이 아무나 합격할 수 있는 것이 아니라, 그 과정이 힘들다는 것을 알고 있기 때문이다. 두 번째는 자식이 힘들고 위험한 일은 안 했으면 하는 바람이다. 특히 소방공무원과 경찰공무원은 국민의 안전과 치안을 위해 위험을 무릅쓰고 일하는 만큼 언제든지 위험한 상황과 마주칠 수 있기 때문이다. 그러나 소방공무원, 경찰공무원을 목표로 하는 수험생은 자신만의 소신을 가지고 있는 경우가 많다. 위험한 줄 알면서도 대한민국의 안전과 치안을 위하고자 하는 자신만의 소신이 마음속에 자리 잡고 있기 때문에, 절대 포기할 수 없는 것이다.

"상담 잘 받았습니다. 선생님, 내일 아버지랑 등록하러 올 건데 절대 경찰공무원 준비한다고 말하지 말아 주세요!"

"응? 왜 아버지한테 말하면 안 돼?"

"아버지가 경찰공무원은 절대 안 된다고 해서 일반 행정 준비한다고 하고 왔거든요."

경찰공무원 상담을 하고 난 후 수험생 I와의 대화이다. 자신은 어렸을 때부터 경찰이 꿈이었는데, 아버지, 어머니, 누나가 모두 경찰공무원이 위험하다는 이유로 반대한다는 것이다. 막내아들을 걱정하는 가족의 입장도 이해가 가고, 자신의 꿈을 놓칠 수 없는 수험생의 입장도 이해가 갔다. 결국 다음날 I와 함께 온 아버지에게는 아무 말도 하지 않고 자연스럽게 등록을 진행하였다. I는 기쁜 마음으로 경찰공무원 공부를 시작하였고, 수업도 성실히 듣고, 씩씩하게 준비하였다. 그리고 4개월 뒤 경찰공무원 시험에서 필기 합격하였으나 안타깝게도 최종면접에서 불합격의 고배를 마시게 되었다. 그 후 다음 경찰공무원 시험에서도 아쉬운 점수로 불합격한 I는 계속 경찰공무원 준비를 하기 위해 아버지에게 지금까지 경찰공무원을 준비했다고 솔직하게 고백하였다. 이제 와서 하는 말이지만 처음 등록할 때 선택 과목이나 커리큘럼에 대해서는 묻지 않으시고 말없이 아들을 바라보는 아버지의 모습에서, 이미 모든 사실을 다 알고 계신 것 같다는 느낌을 받았었다. 말없이 믿어주고, 응원해주는 부모님이 계시기에 I가 꼭 합격하여 대한민국의 든든한 경찰공무원이 되리라 믿는다.

"학생은 왜 그렇게 표정이 안 좋아요? 어려울 것 같아요? 다른 직렬 설명해줄까요?"

"…"

"아니에요, 애는 하기 싫어하는 거 내가 억지로 데려왔거든요. 그래서 그럴 거예요."

반대로 부모님이 공무원 준비를 강요하는 경우가 있다. 반대하는 경우는 자식 이기는 부모 없다는 말처럼 설득을 하면 되지만, 부모님이 강요하여 자식이 하기 싫은 경우는 정말 힘든 경우이다. 보통 부모님이 공무원 준비를 강요하는 경우는 친인척 또는 지인 중 공무원이 있거나, 공무원에 합격한 자식이 있는 경우이다. 말을 들어보면 그렇게 어려운 것 같지도 않고, 저 사람이 했다면 내 자식도 할 수 있을 것이라고 생각하기에 강요하는 것이다. 하지만 대부분 좋은 소식을 전할 때는 힘들었던 과정은 쏙 빼고 결과만 이야기하기 때문에 우리는 그 과정이 얼마나 힘들었을지 가늠할 수 없다. 또한 강요와 권유는 다르다. 권유의 경우에는 수험생과 충분한 대화를 통해 현실적으로 공무원이라는 직업이 미래를 위해 낫겠다는 결론을 내리고 학원으로 방문한다. 그러나 강요의 경우에는 수험생은 하고 싶은 목표가 있고, 해보고 싶은 것이 있는데 부모님이 그것을 무시하고 긴긴 싸움 끝에 수험생은 모든 것을 포기한 채 학원으로 방문한다. 그러면 이미 수험생은 자신의 미래는 없다는 부정적인 생각으로 가득 차 있기 때문에 공부를 제대로 하기 힘들다.

대한민국에서 공무원은 안정적인 직업 중의 하나로 사람들이 많이 알고 있다. 하지만 직장 생활을 조금 해본 사람이라면 세상에 안정적인 직업은 없다는 것을 알 것이다. 직업이라는 것은 자신의 적성과 잘 맞아야 하고, 적성에 맞지 않더라도 내가 꼭 이 일을 해야 하는 이유가 필요하다. 적성도 안 맞고, 하고 싶은 이유도 없이 주변의 시선 때문에 최소 30년을 일해야 하는 공무원이라는 직업을 선택하기에는 우리는 아직 젊다. 하지만 세상 누구보다 나를 사랑하고, 나를 키우기 위해 이 험한 세상을 먼저 살아온 부모님의 생각도 무시할 수는 없다. 반대한다고, 강요한다고 생각하지 말고 서로 깊은 고민과, 충분한 대화를 통해 더 나은 미래를 설계하기를 바란다.

04 CHAPTER

제 4 장

공무원 수험생
이야기

04

"

기본 실력이 있다면
단기 합격할 수 있는
가능성이 높은 것은 사실이지만,
운은 실력에 붙는 것이 아니라,
운은 노력에 붙는다.
여러분도 할 수 있다.

"

커플 지옥 솔로 천국

상담을 온 수험생 J양이 있었다. 대학에서 영어영문학과를 전공한 후 회사에서 일을 하다가 일반행정 공무원 시험 준비를 하기 위해서였다. 갸름하고 예쁜 얼굴에 인사성도 밝았으며, 수업 시간에 시행하는 테스트 성적도 좋고, 질문도 적극적으로 하는 학생이었다. 그리고 대부분의 수험생이 가장 어려워하는 과목인 영어를 전공한 학생이었기에 '무조건 된다, 올해 꼭 합격할 것이다.' 라는 감이 왔다. 그래서 지도를 잘해주어야겠다는 생각을 하였고 알게 모르게 많이 챙겨주었다. 그런데 어느 순간부터 경찰공무원 시험을 준비하는 남자 수험생과 함께 다니는 모습이 자주 보이기 시작하였다. 이 남자 수험생도 평소 열심히 공부하던 수험생이었기에 은근히 걱정이 되었다. 이런저런 걱정을 하던 중, 어느 날 빈 강의실에 둘이 함께 있는 것을 보게 되었다.

"빈 강의실에서 둘이 뭐 하는 거예요?"

"아, 그냥 대화 나누고 있었어요."

"불도 다 꺼놓고 무슨 대화를 해? 얼른 나가요."

J를 먼저 내보내고 남자 수험생에게 말했다.

"너희가 사귀는 것은 상관없지만, J의 시험이 너보다 먼저 있잖아. 네가 공부할 수 있도록 도와줘야지 놀고 있으면 어떻게 해?"

"네, 알겠습니다."

그런데 그다음 날부터 J의 태도가 급변했다. 평소 싹싹했던 표정과 달리 복도에서 마주치면 인사조차 받아주지 않았다. 황당하기도 하고 답답하기도 했지만, 공부를 잘하던 학생이니 믿어보자는 생각에 더 이상 참견하지 않았다. 둘이 싸우면 같이 앉지 않았고 그러다 화해하면 다시 같이 앉아 알콩달콩 하는 모습을 자주 보게 되었다. 안 보는 것 같고, 모를 것 같지만 말하지 않을 뿐 모두 지켜보고 있었다. 시간이 지날수록 J는 수업을 빠지기도 하고, 수업 시간에 치르는 모의시험 답안지도 제출하지 않는 것을 보며 걱정이 되었다. 'J의 성적이 떨어지고 있구나, 성적이 괜찮게 나온다면 답안지를 제출하여 공부와 연애는 아무 상관이 없다는 것을 나에게 증명하고 싶었을 것인데.' 라는 생각을 했다. 아니나 다를까 J는 그해 국가직 공무원 시험과 지방직 공무원 시험, 두 번의 시험에 모두 떨어지고 말았다. 남자 수험생도 그 해 시험에서 떨어졌다. 그리고는 둘 다 학원에 나오지 않았다.

둘의 불합격 소식을 접하고 '좀 더 잡아줄 걸 그랬나, 아니면 잘 구슬려서 공부할 수 있도록 동기부여를 좀 더 해주었어야 했나, 너무 잔소리를 했나.' 하며 한참 고민을 했다. 둘의 불합격이 꼭 필자의 탓처럼 느껴져서 한동안 먹먹하고 미안하기도 했다. 아니면 혹시 합격했는데 학원에 알리지 않은 것은 아닌지 궁금하기도 하고 아쉬운 마음도 들었다. 그 후 최종합격자 발표가 나고 2개월 정도 지난 어느 날, J가 옅은 미소를 지으며 학원 문을 열고 들어왔다.

"아니 이게 누구야? 잘 지냈어요? 어쩐 일로 왔어요?"
"등록하러 왔어요. 쌤, 죄송해요…"

그날 J와 필자는 허심탄회하게 이야기를 나누었다. 예쁘고 공부도 잘했기에 기대가 컸고, 연애 여부와 상관없이 합격했다면 좋았을 텐데 이렇게 다시 만나게 되어 좋으면서도 마음이 아프다는 필자의 말에 J는 말없이 고개만 끄덕였다. 그 모습을 보며 같은 여자로서 마음이 아파 왔고, 내가 제대로 지도하지 못한 탓이라는 말로 J를 위로해주었다. 이후 J는 새로운 마음으로 기본 이론반 수업부터 다시 시작하였고, 특강과 문제 풀이까지 빠짐없이 수강하였다. 매월 전국 모의고사도 꾸준히 응시하면서 공부에 집중하였다. 학원에 온 것은 알고 있는데 하루 종일 눈에 잘 띄지 않았다. 그것은 학원 어딘가에 앉아 열심히 공부하고 있다는 것을 의미하는 것이므로 그녀를 믿고 지지해주었다. 그리고 그다음 해 지방직 시험에 J는 최종 합격을 하였다.

공무원 시험공부를 하는 연령층은 대부분 20대이다. 한창 혈기가 끓어오르고 연애에도 관심이 많을 시기이다. 그런 시기에 공무원 시험공부를 하면서 세월을 보내는 청춘들이 안타깝기도 하다. 하지만 공무원 시험공부는 시간과의 싸움이다. 그런 상황에서 연애를 하면 집중력이 흐려진다. 물론 서로 동기부여가 되기도 하겠지만, 그런 경우는 드물다. 잘 지낼 때도 문제고 그렇지 않을 때는 더 문제다. 둘이 싸우기라도 하면 공부보다는 서로 밀고 당기는데 더 신경이 쓰이기 마련이다. 시간과의 싸움에서 연애에 신경을 쓰다 집중력이 흐려진다면 공부에 방해가 되는 것은 당연한 일이다. 또한, 한번 흐려진 집중력을 다시 가다듬고 공부하는 자리에 앉는 것에도 많은 시간이 걸린다. 이래저래 연애는 수험생을 불합격이라는 지옥으로 보내는 지름길이 될 수밖에 없다. 주변에 연애하는 커플을 보며 부러워할 필요 없다. 모든 공무원 수험생이여, 다 함께 외쳐보자.

"커플 지옥, 솔로 천국"

단기 합격 수험생
이야기

수험생의 준비 기간은 다양하다. 최소 6개월, 심하게는 몇 년이 걸리기도 한다. 그런데 그러한 상식을 깨는 일이 있었다. 지방직 공무원 필기시험 4개월 전, 학원에 등록한 여자 수험생 K가 그 주인공이다. 같은 시기에 등록한 다른 수험생은 보통 다음 해 시험을 준비하는 경우가 많은데, K는 4개월 뒤에 있을 그해 지방직 공무원 시험 합격이 최종 목표였다.

열심히 하겠다는 말과 함께 K는 학원에서 개설되는 모든 수업을 수강 신청하였다. 오전 9시부터 저녁 10시까지 풀 수업이었다. 9시부터 10시까지 풀 수업을 듣는 것은 굉장히 어려운 일이었다. 처음에는 신청만 하고 안 들어가겠거니 했는데, 가만히 지켜보니 모든 수업을 하나도 빠짐없이 듣고 있었다. 심지어 과목이 달라 수업 시간이 겹치는 경우 보통 다른 학생은 수업이 끝나고, 다음 수업의 쉬는 시간을 기다렸다가 들어가는 경우가 많다. 그런데 K는 바로 짐을 싸 들고 수업이 진행되고 있는 강의실의 문을 조용히 열고 맨 뒷자리에 착석하였다. 그리고는 쉬는 시간에 앞자리로 자리를 이동하여 수업을 들었다. 물론 다른 수험생이 쉬는 시간을 기다린 것은 수업에 방해가 되고 싶지 않은 좋은 마음 반, 잠시 쉬고 싶은 마음 반이었을 것이다. 이렇게 학원에서 개설되는 모든 수업을 4개월간 빠짐없이 수강하고 매월 전국 모의고사를 응시하며 공부한 K는 그해 지방직 공무원 시험에 최종 합격하였다. 불가능할 것 같았던 4개월 단기 합격의 신화를 직접 보고 나니 "대단하다."라는 말이 절로 나왔다. 면접 준비를 하며 K와 많은 이야기를 나누었다.

"학원에 개설되는 모든 수업을 거의 다 들었죠?"

"네, 하하."

"대단해요! 전 중간에 포기하거나 수업을 안 들어갈 거라고 생각했어요."

"감사합니다. 정말 힘들었는데, 꼭 올해 합격하고 싶어서 끝까지 버텼어요."

K의 사례를 상담에 활용하기 위해 학원 전산프로그램을 확인한 필자는 깜짝 놀랄 수밖에 없었다. 2월에 처음 등록한 후 6월까지 지방직 공무원 필기시험을 위한 수업을 모두 수강하였고, K의 수강 기록 끝에는 지방직 면접 특강이 수강 신청되어 있었다. 정말 대단하다. 그 대단한 의지가 K를 합격으로 이끌었다.

처음 공무원 시험 준비를 시작하기 위해 학원에 오는 수험생은 독한 결심을 하고 온다. 그리고 대부분의 수험생은 어느 정도 시간이 지나면 처음의 독한 마음이 점점 희석된다. 그런데 K는 달랐다. 처음의 그 독한 마음을 가지고 최선을 다한 것이다. 물론 운도 따라 주었고, 어느 정도 평소에 가진 기본 실력이 뒷받침된 점도 있겠지만, 아무리 그렇다고 하더라도 4개월 만에 합격을 한다는 것은 최선의 노력을 기울이지 않고는 불가능한 일이다. 또한, 머리가 좋다고 가능한 일도 아니다.

그 이후 공무원 시험공부를 하기 위해 학원을 찾아오는 수험생을 상담할 때, K의 사례를 활용하며 노력의 중요성을 강조했다. 뿐만 아니라 K의 사례를 통해 필자 또한 이루고 싶은 목표를 위해 노력하면 된다는 강한 자신감을 가지게 되었다.

남자 수험생 L은 경찰공무원 직렬 중 101경비단을 준비하고자 학원에 등록하였다. 101경비단이란 청와대 안전 확보를 위한 출입통제 및 경호 · 경비 활동을 기반으로 청와대 지역의 책임방어를 주 임무로 하는 경찰부대이다. 경찰공무원 필기시험 2개월 전이었다. 101경비단 직렬은 경찰 직렬 중 합격선이 비교적 낮은 편에 속하지만 자격 조건 중 신체 조건은 아주 까다롭다. 지금은 신체조건이 완화되었지만 그때 당시에는 흉위, 어깨 넓이, 시력 등의 신체 조건이 정해져 있었기에 누구나 지원할 수 없는 직렬이었다. 그래서 등록 당시 190cm가 넘는 훤칠한 키에 역삼각형의 어깨를 가진 L에게 다가가기 어렵겠다고 생각하였다. 어느 날 자습실 CCTV를 보니 큰 덩치의 L이 CCTV를 등지고 앉아 몇 시간 째 한 자세로 앉아 있는 것이 아닌가. 졸고 있는 것인지, 딴짓을 하고 있는 건 아닌지 싶어 자습실에 가서 살며시 옆에 다가가 보았다.

"깜짝이야! 쌤, 어쩐 일이세요?"
"공부 잘하고 있나 해서 와봤죠."
"공부하고 있었어요! 하하"

지금껏 살면서 공부보다는 운동이 좋아 공부에 자신이 없었다던 L은 내셔널지오그래픽을 통해 영어 독해 공부를 했다. 그리고 2개월 동안 항상 같은 자리에서 매일 아침 9시부터 저녁 8시까지 최소 10시간씩 같은 자세로 공부했다. 그리고 L은 2개월 뒤 필기시험에 합격한 후, 최종 합격까지 하였다. 정말 대단하다는 말 밖에는 나오지 않았다. L은 합격 후 주변 동생, 친척 동생에게 학원을 소개해 주었다. 임용 후에도 6개월에 한 번씩 휴가를 나오면 동생들을 보기 위해 항상 학원에 들러 인사를 했다. 처음 인사 왔을 때는 정신없고 힘들다더니, 두 번째 왔을 때는 가족 초청 기회가 있어 외할머니를 비롯한 가족에게 청와대 내부를 구경시켜주었다며 자랑을 하였다. 태어나 효도다운 효도를 한 것 같아 뿌듯하다고 말하는 L의 모습이 대견하고 멋있었다. 3년쯤 지나자 대한민국 대통령과 청와대를 지키는 101경비단의 아우라가 느껴졌다. 보통의 합격생은 합격 후 한번 정도는 학원에 인사하러 오기도 하는데, L의 경우 합격 후에도 자주 보면서 합격 후 근무하는 이야기도 들을 수 있었던 좋은 케이스였다.

　이처럼 단기 합격하는 수험생은 우리 주변에 반드시 존재한다. 기본 실력이 있다면 단기 합격할 수 있는 가능성이 높은 것은 사실이지만, 기본 실력과 별개로 목표 의식을 가지고 주어진 시간에 얼마나 집중하는지가 중요하다. 운은 실력에 붙는 것이 아니라, 운은 노력에 붙는다. 여러분도 할 수 있다.

03

중, 고등학생의
공무원 시험 준비

"저희 아이가 공무원을 준비하고 싶다고 해서… 상담을 받아볼 수 있나요?"

"좀 어려 보이는데, 올해 몇 학년인가요?"

"지금 중학교 2학년이에요."

최근 공무원 시험에 대한 관심이 높아지면서 중학생, 고등학생의 상담 비중이 늘어나고 있다. 중학생의 경우 단순한 관심인 경우가 많기에 부모와 함께 방문하여 진로 탐색의 개념으로 상담이 이루어진다. 한번은 중학교 2학년 학생이 부모와 함께 상담을 왔다. 30대의 젊은 부모는 공무원을 준비하고 싶다는 아이의 말에 당황한 듯 보였다. 그러나 젊은 부모인 만큼 부모로서 아이에게 기대하는 바도 있고, 아이의 뜻을 존중해주고 싶기에 상담을 받아보고자 하는 듯했다.

"왜 공무원이 되고 싶니?"

"어차피 대학교 가도 취업 잘 안된다고 해서요."

"그런 말은 어디서 들었어?"

"뉴스나 인터넷에서 다 보죠."

세상에는 수많은 직업이 있다. 그런데 중학교 2학년 아이가 벌써부터 저런 이유로 공무원을 선택한다는 것은 슬픈 현실이다. 필자는 무엇을 하고 싶은지, 하고 싶은 게 없다면 어떻게 찾을 수 있을지, 부모님과 좀 더 많은 경험을 해보는 것을 권유하였다. 그리고 공무원뿐만 아니라 어떤 직업을 선택하더라도 중학교와 고등학교 정규 교육과정을 잘 따라가고 꾸준히 자기계발을 해야 한다고 말해주었다. 상담을 받고 나가는 부모에게서 감사의 눈빛을 받았다.

중, 고등학생을 상담할 때 가장 까다로운 학년은 고등학교 2학년, 3학년 학생이다. 고등학교 2, 3학년 학생이 공무원을 준비하고자 하는 경우는 크게 두 가지로 나눌 수 있다.

"왜 공무원 준비를 하려고 해요? 대학은 어떻게 하려고요?"

"대학 가기 싫어요."

"왜요?"

"하고 싶은 게 없어요."

첫 번째는 빨리 취업을 하고 싶거나, 고등학교 성적이 좋지 않아 대학에 진학하기 어렵다고 생각한 경우이다. 대학을 나오지 않아도 할 수 있는 직업을 찾다 보니 공무원을 생각한 것이다. 취업이 목적이어서 공무원 공부를 시작하는 것은 나쁘지 않은 방법이지만, 단순히 성적이 좋지 않아서 대학 진학이 어려울 것 같아 공무원 준비를 도피처로 생각하는 것은 좋지 않다. 공무원 준비 여부를 떠나 대학 진학을 원치 않는 고등학생은 상담보다 누나로서, 언니로서 이야기를 들어주고 좋아하는 것이 무엇인지 함께 생각해보는 대화를 한다. 많이 부족하지만, 최대한 내가 살아오면서 본 것, 들은 것을 활용하여 생각의 폭을 넓혀주기 위해 노력한다. 대학교 홈페이지를 들어가서 어떤 전공이 있는지, 각 전공의 졸업 후 진로는 무엇인지 찾아보고, 부모님과 상의한 후 그래도 공무원 준비를 하고 싶다면 다시 오는 것을 권유한다.

두 번째는 장래 희망이 공무원인 경우이다. 위와 같은 상담을 하였음에도 불구하고, 진심으로 장래 희망이 공무원인 학생은 결국 학원에 등록을 한다. 그중 고등학교 2학년 겨울방학에 여경이 되겠다는 포부를 안고 학원에 등록을 한 수험생 M이 있었다. 그러나 학교에 다니면서 학원 수업을 듣는 것은 쉽지 않은 일이다. M은 오전에 있는 기본 정규 이론반 수업은 듣지 못하고, 학교 수업을 마친 후 저녁에 있는 야간 특강만 들었다. 어떻게 공부하는지 들어보니 저녁에 야간 특강을 듣고 새벽 2시까지 복습한 후 학교에서는 잠만 잔다고 했다. 필자는 경찰시험은 영어와 한국사 과목이 필수과목이므로, 학원 수업을 듣지 못하는 대신 학교 수업에 충실하면 기본적인 점수는 나온다고 말해주었다. 그러나 결국 그 해에 두 번 있었던 경찰 시험에서 모두 불합격하고, M은 고등학교를 졸업하게 되었다. 졸업 후 본격적으로 아침부터 저녁까지 학원 수업을 들으며 공부에 몰입하는 듯했으나, 이내 결석하는 횟수가 늘어나기 시작했다. 안타까운 마음에 면담을 하자 영어가 부족하다고 하여 영어 단어 테스트를 도와주겠노라 말을 했다. 매일 아침 영어 단어 100개를 테스트하기로 했다. 손수 단어를 일일이 타이핑하여 테스트지를 만들어주었으나 M은 두 달이 넘도록 제대로 외워오는 날이 없었다.

"왜 단어를 안 외웠어?"
"외웠어요."
"하루 종일 100개 중에 10개밖에 못 외웠다고?"
"...잘 안 외워져요."

몇 번을 왜 안 외워지는지에 대해 함께 고민하고, 암기 방법에 대해 권유도 해보고, 함께 울기도 하고 혼내기도 했으나 나아지는 것은 없었다. 한 달 정도 지나자 약속한 시간에 오지 않는 날이 늘어났고 두 달 정도 된 어느 날 참다못한 필자의 질책에 M은 결국 영어 단어 테스트를 포기하였다. 지금 생각해보면 '조금 더 다독여줄걸' 하는 후회도 남는 학생이다.

"○○아, 여경 되고 싶어?"

"네."

M과의 면담에서 가장 기억나는 부분이다. 학원 수업을 잘 따라오고 안 따라오고를 떠나 여경이 되고 싶다는 마음만큼은 진심이 느껴졌다. 그렇지만 M은 너무 어렸다. 만약 '고등학교를 졸업하고 난 뒤에 준비하였다면 상황은 많이 달라지지 않았을까' 하는 아쉬움이 남았다. 고등학교 재학 중에 준비해서 합격한 사례는 거의 없다. 그때 준비를 해도 그해에 합격하는 것이 아니라 졸업 후까지 시험공부가 이어지는 경우가 대부분이다. 그런 학생을 면담할 때 가장 많은 부분을 차지하는 것은 주변 친구에 관한 이야기다. 다른 친구들은 고등학교를 졸업하면 4년제 대학교가 되었든, 전문대가 되었든 대부분 진학을 한다. 애초에 자신은 공무원이 되기 위해 수능조차 보지 않았지만, 친구들이 대학 진학 후 화장하고 예쁜 옷 입고 연애도 하고 MT도 가고 하는 모습을 보며 자신이 선택한 이 길이 옳은 것인지에 대해 고민을 하게 된다. 이렇게 대학을 포기하고 공무원 준비를 바로 시작하는 경우 정신력이 강하지 않으면 주변 친구들의 영향을 받을 수밖에 없게 된다.

이처럼 고등학교를 졸업하면서부터 친구들과 다른 생활 패턴을 겪으면서 오는 슬럼프를 심하게 겪을 수 있다. 그렇기에 마음 편하게 고등학교 졸업 후 공무원 시험을 준비하던지, 또는 대학 진학 후 다시 한번 진로를 고민해 보는 것을 추천한다.

고등학교 재학 중이 아니라 막 졸업하고 온 학생의 긍정적인 사례도 있다. 남학생의 N의 경우 굉장히 머리가 좋은 수재였고 성격도 좋았다. 서울대학교를 가려고 했는데 점수가 조금 모자라 다른 대학교에 합격하자 그럴 바에는 공무원을 하겠다며 학원에 등록을 했다. 모의고사를 치면 5과목 100문제 중 1문제를 틀려도 아쉬워하는 수험생이었기에 내심 합격을 기대했다. 그해 합격자 발표 날 당연히 합격했거니 싶어 N에게 전화를 했다.

"○○아, 합격했지? 면접 특강 들으러 와!"
"쌤, 저 떨어졌어요."
"왜?"
"과목 코드 바꿔 적었어요."

다음날 해맑게 웃으며 불합격 무용담을 늘어놓던 N은 그다음 해 합격을 했다. 합격했으니 축하할 일이지만, 실수하지 않고 한 번에 합격했으면 더 좋았을 거라는 아쉬움이 남았다. 이처럼 고등학교 교과과정을 성실히 이수하고, 고등학교 졸업 후 공무원 시험 준비에 몰입한다면 훨씬 더 합격할 가능성이 높다. 물론 실수하지 않도록 자만하지 않는 것은 누구에게나 중요한 부분이다.

"길동 엄마, 이번에 길동이 졸업했지? 축하해!"
"고마워요."

"길동이는 어느 대학 갔어? 우리 아들은 인 서울 했어!"

　세대가 변하고 시대가 변하고 있지만 아직까지 우리나라는 대학을 가지 않으면 안 된다는 선입견을 가지고 있다. 그래서 부모는 공무원 준비를 하더라도 일단 대학 진학하는 것을 원한다. 필자 또한 대학 진학을 권유한다. 이것은 선입견 때문이 아니다. 일단 대학을 진학하여 한 학기 또는 그 이상을 다녀보면 좀 더 넓은 시야를 가질 수 있다. 그러면 공무원 준비를 할 때 절박하게 몰입하여 한 번에 합격하거나, 혹은 정말 본인이 하고 싶은 일을 찾을 수도 있기 때문이다. 또한 사회생활 경험이 없이 어린 나이에 공무원이라는 조직에 들어가 일하는 것은 쉽지 않은 일이다. 자유분방하고 창의력이 풍부한 요즘 젊은이들에게 아직은 보수적인 공무원 조직에서 버티기란 어려운 일이기에 퇴직률도 높다.

　따라서 현재 공무원 시험을 준비하고 싶은 중, 고등학생이 가장 먼저 해야 할 것은 학교 공부를 충실히 하는 것이다. 고등학교 공부와 공무원 공부는 별개가 아니다. 고등학교 교육과정에서 크게 벗어나지 않으므로 학교 내신관리에 신경 쓰고 있다면 공무원 공부를 별다르게 하지 않아도 단기 합격이 가능하다. 학교 내신 공부를 하지 않으면서 공무원 공부를 하겠다는 것은 대학에 갈 성적이 되지 않아 현실에서 도피하고자 하는 것과 같다. 만약, 중, 고등학생이 공무원 시험공부를 고려하고 있다면, 부모님과 충분히 상의하고 가까운 공무원 학원에서 상담을 받아본 후, 5년 후, 10년 후 자신의 모습을 그려보면서 공무원에 대한 꿈을 키우기를 바란다.

좋게 보면 연애,
나쁘게 보면 도박

처음 연애를 시작할 때, 상대에게 사랑이라는 감정을 느낀 직후부터는 상대와의 아름다운 핑크빛 미래를 꿈꾸지 '나 이 사람과 6개월 뒤에 헤어져야지!' 라고 생각하며 사랑을 시작하지 않는다. 공무원 시험도 똑같다. 필자는 수험생과 상담을 하면서 '공무원 시험은 좋게 보면 연애고, 나쁘게 보면 도박이다.' 라는 말을 자주하곤 하는데, 이 말을 들은 예비 수험생과 기존 수험생의 반응은 완전 다르다. 예비 수험생은 이 말을 듣고 '공무원 시험 준비를 하지 말라는 말인가?' 하는 의아한 표정을 짓고, 기존 수험생은 '완전 대박!' 이라는 공감의 표정을 짓는다. 이것은 공무원 시험공부를 해보기 전에는 절대 알 수 없는 감정이기 때문이다.

마음에 드는 이성과 연애를 하기 위해 소개팅을 하고, 썸을 탄다. 두근두근

설레기도 하고 새로운 사람에게 마음을 여는 것이 두렵기도 하다. 서로를 알아가는 과정을 거친 후 연애를 시작한다. 초반엔 눈빛만 봐도 좋고, 오늘 당장 결혼하고 싶을 만큼 행복하다. 하지만 지금까지 살아온 환경과 가치관이 다르다 보니 점점 의견이 부딪히면서 다툼이 있을 수도 있고, 이러한 과정에서 권태기가 오기도 한다. 그리고 함께 대화를 통해 권태기를 극복해나가며 서로에 대한 믿음이 단단해진다. 그러나 권태기를 극복하기 위해 함께 노력하는 커플도 있지만 그렇지 않은 커플도 있다. 연애라는 것은, 인생의 반려자를 만난다는 것은 그리 쉬운 일이 아니다. 사랑하지만 싸우고, 화해하고 다시 반복하는 일련의 과정 속에서, 언젠가는 내가 이 연애를 그만하고 싶을 수도 있고, 상대가 그만하고 싶을 수도 있다. 깔끔하게 잘라내지 못하고 이러지도 저러지도 못하면서 계속 끌려가는 연애를 할 수 있다는 것이다. 지인들에게 연애 고민 상담을 하면 꼭 한번쯤은 듣는 말이 있다.

"세상에 남자(여자)는 많아. 이 사람도 만나보고, 저 사람도 만나봐."

이런 말을 듣는 이유는 연애 고민 상담을 하면서도, 상대와 헤어지고 싶지 않다는 생각이 드러나기 때문이다. 나보다 조금 더 먼저 인생을 살아본 사람에게는 그러한 것이 보인다. 꼭 그 사람이 아니어도 나를 사랑해줄 사람이 어딘가에 있다는 것을, 굳이 인연이 아닌 사람을 붙잡고 있다고 해서 좋을 일이 없다는 것을 말이다.

공무원 시험은 연애와 같다. 처음에 공무원 시험을 생각하고 알아보는 시기에는 할 수 있을지에 대해 고민도 하고 시작에 대한 두려움도 있다. 그리고 공무원 시험을 준비하기로 결정한 후, 학원에 등록할 때는 올해 무조건 합격하겠다는 자신감이 넘친다. 그러나 공부를 하면 할수록 내가 제대로 공부를 하고 있는 지에 대한 혼란이 오기 시작하고, 금방 지나갈 것 같던 시간이 더디게 흐르는 것을 느낀다. 생각보다 낮은 모의고사 점수에 대한 실망, 공부를 계속할 수 있을지에 대한 의문 등을 느끼며 슬럼프를 겪게 된다. 이 시기에서 공무원 시험을 포기하는 수험생이 굉장히 많다. 더 노력한다 할지라도 합격이 내 것이 되리라는 보장이 없기에 더 이상의 노력을 지속하게 해주는 정신적인 동력을 상실하게 되는 것이다. 연애는 둘 중에 한 사람이 붙잡으면 그 관계는 조금 더 지속되거나, 단단해질 수 있다. 그러나 공무원 시험은 내가 붙잡고 매달리지 않으면 결코 합격을 가질 수 없는 외사랑이다. 슬럼프를 극복하기 위해 함께 노력하지도 않고, 극복할 의지도 없다. 단지 '네가 날 붙잡지 않으면 넌 날 가질 수 없어.' 라고 말할 뿐이다.

연애를 몇 번 해본 사람은 알 것이다. 그때 당시에는 이 사람이 아니면 지금 당장이라도 죽을 것 같다는 생각에 나쁜 사람이라는 것을 알면서도 헤어지지 못하는 감정을 말이다. 필자는 대학교 교수님이 하셨던 말씀을 잊을 수가 없다.

"얘들아, 살면서 불타는 사랑 한번쯤은 해봐야 돼."

우리가 살면서 죽고 못 사는 애절한 사랑 한번쯤은 해보는 것은 인생을 살아가면서 필요한 교훈을 얻을 수 있다고 생각한다. 그리고 이런 경험은 나를 아껴주고 함께일 때 빛날 수 있는 존재가 되는 사람을 만날 수 있는 밑거름이 되어, 좋은 배우자를 만나 결혼하는 데 도움이 될 것이다. 그러나 사랑하는 사람과의 연애에서 가장 힘든 부분은 상대방의 사랑에 대한 확신 부재이다. 처음에는 서로 사랑한다고 믿었는데, 어느 순간 상대방이 냉랭해지며 좋은 것도, 싫은 것도 아닌 상태가 되어버리는 것이다. 이처럼 공무원 시험도 처음에는 자신감 넘치게 시작했는데, 몇 번 떨어지고 나면 그 자신감의 농도가 옅어지고 갈등 상황에 처하게 되는 것이다. 포기하려니 이제껏 해온 공부가 아깝고 더 공부를 하자니 몇 번 떨어진 경험이 발목을 잡는 것이다. 그러니 미지근한 상태에서 이러지도 저러지도 못하며 세월만 흘러가게 된다.

공무원 학원에는 그런 사람이 많다. 심지어 6년간 공부를 해도 안 된 경우도 보았다. 20대의 청춘을 공무원 공부에 다 쏟아붓고 나니, 이제 와서 다른 일을 하자니 경험이 없어 두렵고, 공무원 합격은 되지 않아 딜레마에 빠지는 것이다. 공무원이라는 직업은 청년들에게 꿈의 직장임에 틀림없다. 합격만 되면 특별한 일이 없는 한 안정적인 생활을 할 수 있기 때문이다. 하지만 합격하지 못할 경우 금보다 더 귀한 자신의 청춘의 시간을 대가로 치러야 한다. 즉,

공무원 시험 준비는 돈 대신에 세월을 베팅하는 도박이라 할 수 있다.

그렇기에 필자는 공무원 상담 실장을 하면서 공무원 시험에 대해 느꼈던 감정을 이렇게 정의하고 싶다. 공무원 시험은

'좋게 보면 연애, 나쁘게 보면 도박'

05 CHAPTER

제 5 장
___

공무원 면접,
이것만은 알고 가자

05

" 웃는 얼굴에
침 못 뱉는다고
하지 않는가.
합격을 부르는
미소를
지어보자. "

01

어떤 공무원이
되어야 할까?

"쌤, 면접이 너무 무서워요."

"어느 부분이 무서워요?"

"제가 공무원으로서 자질이 있는지 모르겠어요."

공무원 면접 평가는 일반기업, 공기업처럼 압박 질문을 하는 경우는 거의 없으며, 대답을 못 한다고 불합격을 받는 것은 아니다. 그러나 일반적인 기업 면접과 달리 꼭 가지고 있어야 하는 것이 있다. 바로 공직관, 즉 공무원으로서의 소신이다. 공무원으로서의 소신이 없는 수험생은 면접을 어려워한다. 왜? 공무원으로서 잘 할 수 있을지에 대한 확신이 없기 때문이다. 면접관들도 알고 있다. 요즘 수험생이 공무원을 준비하는 이유는 안정적인 직업이기 때문이라는 것을 말이다. 그렇기 때문에 공무원으로서의 소신이 확실한 사람은 눈빛부터 다르고, 면접관은 그것을 느낄 수 있다.

"없는 소신을 어떻게 만들어요?"

공무원으로서의 소신은 거창한 것이 아니어도 좋다. '민원인에게 미소를 지어주는 공무원', '민원인의 민원을 적극적으로 해결해 주는 공무원' 정도의 가벼우면서 평생 공무원으로서 실천 가능한 소신이면 더 좋다. 최근 2~30대의 이직률이 높다고 한다. 하고 싶은 것도 많고, 할 것도 많기 때문에 부모님 세대처럼 한 회사에 충성하지 않는다. 그러나 공무원은 조금 다르다. 힘들게 공부해서 합격했고, 그만두고 싶어도 주변에서 말리는 경우가 많다. 공공 봉사 동기가 높은 공무원이 공직에 대한 직무 만족도가 높다는 연구 결과가 있다. 즉, 성공적인 면접뿐만 아니라 공무원을 평생직장으로 삼고 싶다면 자신만의 공무원으로서의 소신을 확실하게 가지는 것이 좋다.

02

공무원
면접 준비

필기시험 합격 → 서류 제출 → 면접 → 최종합격

　　국가직 공무원은 필기시험에서 채용 예정 인원의 1.2~1.6배
수, 평균적으로 1.4배수를 필기 합격자로 발표하여 면접을 진행한다. 예를 들
어 2019년의 국가직 일반행정의 경우 채용 예정 인원이 294명이며 필기 합격
인원은 407명이다. 지방직 공무원은 채용 예정 인원과 동점을 받은 인원까지
를 필기 합격자로 선발한다. 예를 들어 채용 예정 인원이 100명이고 100명 중
동점자가 20명이 발생하였다면 필기 합격인원은 120명이 된다. 채용인원이
많을수록 또는 시험의 난도가 쉬울수록 동점자는 많이 발생하게 되지만, 2명
이나 5명처럼 소수를 뽑는 직렬에는 동점자가 발생하지 않는 경우도 있다. 필
기 합격자 발표는 보통 필기 합격자 발표일 오전 9시에 일괄적으로 문자 발송

된다. 간혹 전산오류나 전화번호를 잘못 입력하여 문자가 누락되는 경우가 있다. 그러니 문자가 오지 않았다고 암울해 하지 말고, 필히 사이버국가고시센터에서 최종합격 여부를 확인하여야 한다.

필기시험 합격자 발표 이후 필기 합격자는 서류 제출을 하게 되는데, 주민등록초본 1통, 자기소개서 2부가 공통 제출 서류이다. 서류 제출은 지역마다 차이가 있을 수 있으니 꼭 최종합격자 발표 공고문을 확인해야 한다. 그리고 서류 제출을 위해 지정 기관을 방문하는 것은, 예비 공무원으로서 선배 공무원을 처음으로 만나는 자리이다. 서류를 받아주었던 공무원을 면접장에서 만날 수 있기 때문에, 단정한 복장을 갖추고 밝은 인사와 함께 예의 바르게 행동하여야 한다.

면접은 블라인드 테스트로 진행되므로, 면접관은 나에 대해 어떠한 선입견도 없다. 적극적이고 밝은 모습으로 임하여, '이 사람과 함께 일하면 좋겠다.'라는 인상을 심어주는 것이 좋다. 공무원 면접 평가요소는 5가지 항목으로 이루어져 있다.

1. 공무원으로서의 자세

2. 전문지식과 응용능력

3. 의사 표현의 정확성과 논리성

4. 예의, 품행, 성실성

5. 창의력, 의지력 및 발전 가능성

앞의 5가지 항목에 대해 면접관은 수험생을 상, 중, 하로 평가한다. 그리고 면접관 모두의 평가 결과를 종합하여 '우수, 보통, 미흡'으로 최종 평가한다. 면접에서 우수를 받으면 필기시험 점수와 상관없이 합격이며, 면접에서 미흡을 받으면 필기시험 점수가 만점이더라도 불합격이다. 공무원 면접은 면접 시간이 짧고, 면접에서 수험생의 자세한 개인 역량에 대해 평가하기에는 어려움이 있기 때문에 우수를 받는 경우는 거의 없다. 그리고 면접에 대한 기본자세와 공직관이 잘 갖추어져 있다면 면접에서 미흡을 받는 경우도 거의 없다. 이것은 대부분 수험생이 보통을 받는다는 것을 의미한다. 예를 들어 채용 예정 인원이 100명이고, 동점자가 20명 발생하여 필기합격인원이 120명이다. 그런데 면접에서 120명 모두 보통을 받았다면 다시 필기시험 점수를 기준으로 최종 합격자를 선발한다. 이것이 필기시험 점수를 내가 할 수 있는 한 최고득점을 받아야 하는 이유이다. 하지만 그렇다고 해서 면접을 소홀히 할 수는 없다. 면접에서의 태도가 추후 처음 배치 받을 부서와 인사고과에 영향을 받을 수 있기 때문이다.

면접 준비를 어렵게 생각할 필요는 없다. 필기시험 준비가 바로 면접 준비이다. 면접 시에 나오는 질문들은 직렬별 전문 지식이나 기술직의 경우 전공과 관련된 부분이다. 그리고 최근 이슈 되고 있는 시사나 정책에 대해 수험생의 생각, 개선방안에 대해 질문하기도 하고, 지방 면접의 경우 지역 관광지에 대해 질문하기도 한다. 공공기관 방문 시 느꼈던 분위기 또는 문제점은 무엇인가 등과 같이 현재 공무원에 대한 수험생의 생각을 묻기도 한다. 즉, 공무원에 대한 자신만의 소신, 사명감이 있다면 수험생 자신의 생각을 잘 정리하여 답변할 수 있는 것이 대부분이다.

공무원 면접관은 기업처럼 전문가가 아니라, 일반 공무원으로 구성되는 경우가 많다. 그리고 면접관의 나이대는 수험생의 아버지와 비슷한 연배이다. 그래서 어른과 대면하여 이야기를 나누어본 적이 많이 없는 수험생이 면접을 어려워하는 경우가 있다. 요즘은 가족 구성원이 축소되면서 어른과 대면할 일이 별로 없기 때문이다. 따라서 부모와 함께 면접 연습을 하는 것도 한 방법이다. 부모님과 연습하는 것이 부담스럽고 힘들겠지만, 어른과 대화하는 벽을 없애야 면접도 수월하고, 합격 후 사회생활도 순조롭다.

면접은 어려운 것이 아니다. 태도나 복장 등 기본적인 것만 갖추면 '보통'은 받을 수 있다. 그러나 건방져 보이거나, 잘난 체하거나, 불손한 태도 등 공무원으로서 기본적으로 갖추어야 할 것을 갖추지 않은 모습을 보이면 감점의 요인으로 작용한다.

보통은 필기시험 점수가 합격을 많이 좌우하지만, 경찰공무원이나 소방공무원 같은 경우에는 면접 비율이 정해져 있기 때문에 면접을 소홀히 한다면 불합격하기도 한다. 경찰공무원과 소방공무원이 다른 직렬에 비해 공무원으로서 가져야 할 소명 의식과 공직관이 특히 더 중요한 이유이다. 경찰공무원의 경우 개인 면접과 단체 면접을 진행하고 면접 질문은 압박 질문이 많다. 단체면접에서는 하나의 주제를 가지고 지원자들 상호 간에 토론을 시키며 그 과정을 지켜본다.

　주제 : 아이가 아파 긴급한 상황이다. 병원 앞 도로에 차를 주차하고 아이를 응급실에 데려간 것을 경찰이 보았다. 경찰은 주차위반이기 때문에 스티커를 발부해야 한다.

　찬성 입장 : 어떤 경우에라도 법은 지켜져야 하기 때문에 주차위반 스티커를 발부해야 한다.

　반대 입장 : 위급한 상황 발생 시, 경찰은 시민을 보호해야 할 의무가 있다. 도와주지는 못할망정 주차 스티커까지 발부하는 것은 지나치다.

　이렇게 주제를 주고 찬성 입장과 반대 입장을 나누어 토론을 시작하면 면접관은 옆에서 지켜본다. 그리고 토론이 끝난 후 개인별 질문이 주어진다. 이때 각 입장에 대한 확실한 주장과 주장에 대한 근거(사례)를 제시하는 것이 중요하다. 또한 경찰은 중립을 지키는 자세도 중요하다. 만약 싸움이 일어났다는 신고를 받고 출동을 했다면, 서로 중재하여 화해를 유도하지만, 화해되지 않는다면 누구의 편을 들어서는 안 되고 객관적이고 중립적인 자세를 취해야 한다. 따라서 객관적인 시선을 키우기 위해 평소에 뉴스를 보고 자신의 생각을 정리해보는 습관을 가지는 것이 좋다.

1. 기본적인 면접 준비

면접이 두려운 수험생이라면 가장 기본적인 면접 준비로 세 가지를 추천한다,

– 말을 입으로 내뱉는 연습
– 순발력을 기르는 연습
– 웃는 연습

먼저 소리 내어 책을 읽어보자. 마치 아나운서인 것처럼 뉴스 대본을 읽어
보자. 말하기 연습을 하였다면 이제는 순발력을 길러보자.

"이 볼펜을 1분 안에 팔아보세요."

"제가 들고 있는 이 볼펜은 우리가 흔히 생활 속에서 사용하는 검정 볼펜입니다.
그러나 제가 쥐고 있는 이 순간부터 이 볼펜은 일반 볼펜이 아닙니다. 바로 저, 공무
원 합격생이 사용했던 볼펜입니다. 이 볼펜을 쥐고 면접을 보고 있고, 저는 합격할
것입니다. 그리고 이 볼펜을 가지게 될 수험생에게 합격 기운을 넘겨드리겠습니다.
얼마에 사시겠습니까?"

이런 식으로 순발력을 기르는 연습을 한다. 호랑이 굴에 들어가도 정신만 차
리면 된다고 하지 않는가. 다음으로는 웃는 연습을 하자. 수험기간 동안 웃을

일이 많이 없었지만, 이제는 시원하게 웃어도 된다. 웃는 얼굴에 침 못 뱉는다고 하지 않는가. 합격을 부르는 미소를 지어보자. 말을 입으로 내뱉는 연습, 순발력을 기르는 연습, 웃는 연습 이 세 가지만 연습해도 면접의 반은 성공이다.

2. 면접 복장

국가직 공무원의 경우 면접 복장에 대해 정형화된 복장이 아닌 자신을 잘 드러낼 수 있는 복장이라고 공고문에 명시되어 있다. 그래서 수험생은 면접 시에 정장을 입지 말라는 것인지, 어떤 옷을 입어야 하는지에 대해 고민하게 된다. 그러나 공무원 면접 복장은 기본에서 벗어나지 않는 것이 좋다. 기본 면접 정장을 갖춰 입는 것은 면접관에 대한 가장 기본적인 예의이다.

남자는 기본 상, 하의 세트 정장을 준비한다. 색상은 기본적으로는 블랙이지만, 보통 공무원 면접이 5~8월 사이에 있으므로 짙은 남색 정장을 입으면 보는 사람이 시원해 보이고 좋다. 그러나 너무 얇은 여름 정장은 자제하는 것이 좋다. 허리 라인이 과하게 들어가거나 몸에 붙는 정장보다는 딱 떨어지는 느낌의 기본 정장을 준비한다. 또한 바지에는 반드시 벨트를 착용해야 하며 화려하지 않은 것을 준비한다.

와이셔츠는 화이트, 또는 연한 블루 색상이 좋으며, 목둘레 단추를 모두 잠 갔을 때 목에 손가락 하나 정도가 들어갈 정도의 여유가 있을 수 있도록 한다.

그리고 차렷 자세를 했을 때 손목에 와이셔츠가 정장 밖으로 1~1.5cm 정도 보이는 게 좋다.

넥타이 색상은 자신의 퍼스널 컬러에 맞추는 것도 좋지만, 빨강, 파랑, 하얀색이 사선으로 섞여 있는 기본 넥타이를 추천한다. 단색 넥타이를 선호한다면, 빨간색은 열정을 표현하여 자신감 있는 모습을 보여줄 수 있지만, 사회 초년생이 하기에는 과한 느낌을 줄 수 있다. 그리고 파란색은 시원한 느낌을 줄 수 있지만, 톤 다운된 파란색은 답답한 느낌을 줄 수 있으므로 선명한 파란색을 추천한다.

구두는 블랙 또는 짙은 브라운 색상이 좋으며, 앞코가 너무 뾰족하지 않으며 무늬가 없는 것을 추천한다. 또한 의자에 앉으면 바지가 올라가 발목이 보이므로 반드시 발목이 긴 검정 양말을 착용한다. 시계를 착용하면 시간 약속을 중시하는 이미지를 줄 수 있으며, 대기 장소에서 핸드폰을 꺼내 보지 않을 수 있다. 또한 정장에는 서류 가방을 매치하여 수험표 등을 깔끔하게 보관하는 것이 좋다.

여자는 기본 면접 정장을 상, 하의 세트로 준비한다. 최근에는 여자 면접 정장도 짙은 회색의 여름 정장이 있다. 치마 길이는 서 있을 때 무릎 바로 위 혹은 무릎 반 정도, 앉았을 때 허벅지 옆이 보이지 않을 정도가 좋다. 블라우스는 목이 너무 파이지 않고 큐빅이나 리본이 없는 것으로 화이트로 준비한다. 그리고 여자의 경우 긴팔, 반소매, 민소매 모두 가능하다. 면접이 5~8월에 있어 간혹 정장 상의를 구매하지 않는 경우가 있는데, 덥겠지만 상의를 입는 것이 예의이다. 면접에서는 정장 상의를 입지 않아도 무관하지만 추후 임용장을 받을 때라든지 상, 하의 세트로 입어야 할 일이 한두 번은 있다. 다 똑같은 정장처럼 보이지만 옷마다 조금씩 재질과 디자인이 다르므로 처음 구매할 때 세트로 준비하는 것이 좋다.

구두는 5cm 정도, 무광에 앞코가 둥근 기본형 구두가 좋다. 키가 작다고 높은 굽을 신을 필요는 없으며, 코사지가 있으면 시선이 분산되므로 추천하지 않는다. 또한 반드시 살구색 또는 연한 커피색 스타킹을 신어야 한다. 그리고 가방은 작은 핸드백보다 적당한 크기의 검정 가방을 준비한다.

─꼭 이렇게까지 준비해야 하나요?

"이렇게까지 준비할 필요 있나요?"
"고등학교 졸업할 때 입던 정장 입으면 안 되나요?"
"아버지 정장 입으면 안 되나요?"

공무원 면접에서 복장 때문에 불합격한 사례는 보지 못했기에 어떤 옷을 입더라도 면접관에 대한 예의에 어긋나지 않는다면 전혀 문제 될 것이 없다. 그러나 실제로 몇 년이 지난 아버지 정장이나 캐주얼한 복장을 하고 실시한 모의면접 촬영 영상을 직접 보면 왜 면접 복장이 중요한지를 알게 된다. 상황과 격식에 맞는 복장을 갖추었을 때 한결 더 자신감 생긴다.

　—정장 원피스나 바지를 입어도 되나요?

　공무원 면접 복장에 대한 규정이 없기 때문에 면접관에 대한 예의에 어긋나지 않는다면 정장 원피스나 바지를 입어도 무관하다. 그런데 다른 면접자들이 모두 기본 면접 정장을 입고 왔는데 혼자 다른 스타일을 입고 있는 것이 불편할 수 있다. 그러나 다른 사람의 시선을 신경 쓰지 않고 면접에만 집중한다면 전혀 문제 되지 않는다.

　—안경을 껴도 되나요?

　남자와 여자 모두 시력이 좋지 않은 사람은 안경알이 두꺼워 굴곡이 지거나 눈이 작아 보이는 경우가 있기 때문에 좀 더 시원한 이미지를 주고 싶다면 렌즈를 착용하는 것을 추천한다. 그러나 렌즈를 착용하기 힘들다면 착용하지 않아도 무관하다. 혹은 정장에 어울리는 깔끔한 안경테로 바꾸는 것도 좋다.

　—액세서리를 착용해도 되나요?

　남자와 여자 모두 가능하면 착용하지 않는 것이 좋다. 여자의 경우 꼭 착용하고 싶다면 아주 작은 진주 귀걸이나 얇은 목걸이는 가능하며, 귀걸이와 목걸이 둘 중 하나만 하는 것이 좋다. 커플링이나 결혼반지도 가능하면 상대에게 양해를 구한 후 착용하지 않는 것이 좋다.

3. 면접 인사

인사의 종류

– 목례 : 허리를 15도 굽힌다.
– 보통례 : 허리를 30도 굽힌다.
– 정중례 : 허리를 45도 굽힌다.

면접에서 인사는 나의 존재를 알리는 가장 좋은 방법으로, 인사는 면접장이 있는 건물에 들어서면서 시작된다. 면접 일에 면접 정장을 입고 있다면 누가 보아도 오늘 면접 보러 온 사람이기에 눈길이 가게 되어있다. 이리저리 무표정하게 걸어가는 것보다는 입꼬리를 살짝 올린 표정을 유지한다. 그리고 건물 내에서 마주치는 사람의 80%가 현직 공무원이다. 건물 내에서 마주치는 사람, 청소하시는 분, 같은 면접자에게는 가벼운 목례 인사를 하며 지나간다. 그리고 엘리베이터 안이나 화장실 같은 좁은 공간에서 마주쳤다면 가벼운 목례와 함께 "안녕하세요." 정도의 인사말을 하는 것도 좋다. 방금 지나친 사람이 면접관일 수 있고, 화장실 칸 안에 면접관이 있을 수 있다. 언제 어디에서 평가되고 있을지 모르므로, 공무원으로서 출근 첫날이라는 생각으로 밝은 기운을 보여주는 것이 좋다.

면접장에 들어가기 전 또는 들어가게 되면 면접 도우미가 있다. 아르바이트생일 수도 있고 공무원일 수도 있지만, 그런 것 상관없이 면접장에 들어서는 순간부터는 허리를 30도 정도 굽히는 보통례 인사를 한다. 면접 도우미로부터 안내를 받게 되면 '감사합니다.' 인사를 꼭 하는 것이 좋다. 대기실에 착석하고 나면 양옆의 면접자와 가벼운 인사를 나눈다. 최종 합격 후 같은 공무원 동기가 될 수 있으므로 얼굴을 익혀 놓는 것도 좋다.

본인의 차례가 되면 면접 도우미의 안내를 받아 면접실 문 또는 파티션 앞에 서게 된다. 문일 경우, 한 템포 쉬고 나서 '똑, 똑, 똑' 세 번 노크를 한 후 안에서 "들어오세요."라고 하면 문을 연다. 들어가게 되면 문 앞에서 면접관을 향해 보통례 인사를 한다. 그리고 의자 앞에 서서 "안녕하십니까, 응시번호 ○○○○○○ 홍길동입니다!" 인사한 후 허리를 45도 굽히는 정중례 인사를 한다. 인사를 한 후 면접관이 "앉으세요."라고 하면 앉는다. 면접이 끝난 후에는 면접관이 "끝났습니다. 고생했습니다."라고 하면 자리에서 일어나 "감사합니다!" 인사 후 45도 정중례 인사를 하고, 문 앞에서 뒤돌아 다시 한번 보통례 인사한다. 그리고 살며시 문을 닫는다. 면접실이 파티션으로 구분되어 있다면 들어갈 때 보통례 인사 후 "들어가도 되겠습니까?", 나올 때 다시 한번 보통례 인사 후 "감사합니다."라고 한다.

면접을 보는 중에도 면접관의 질문을 들을 때, 대답할 때 가벼운 미소를 잊지 않는 것이 좋다. 공무원으로서 민원인을 대할 때 가장 중요한 것이 인사이다. 상황에 맞는 적당한 인사는 상대방을 편하게 하고, 나에 대한 호감을 심어줄 수 있다. 웃는 얼굴에 침 못 뱉는다고 하지 않는가. 공무원이 된 후에도 답답하고 화가 난 민원인에게 미소로 맞이하면 같은 일이라도 좀 더 수월하게 해결될 것이다.

4. 면접 답변 방법

- 시선 처리

면접자가 가장 어려워하는 부분 중의 하나가 시선 처리이다. 시선 처리가 어려운 이유는 면접관의 나이대, 즉 4~50대의 어른과 대면할 기회가 많이 없기 때문이다. 나를 쳐다보는 적게는 3쌍, 많게는 4쌍의 눈은 째려보는 것처럼 느껴지기도 한다. 그러나 면접관은 째려보는 것이 아니라, 궁금해서 쳐다보는 것이다. 어떤 사람인지, 이 직렬에 적합한 사람인지, 공무원으로서의 기본자세가 되어있는지, 질문에 대해서 어떤 대답을 하는지가 궁금한 것이다. 마음을 편하게 가지고 '내가 왜 공무원이 되어야 하는지에 대해서 알려 주어야겠다' 라고 생각하면 된다. 그러나 아무리 마음을 편하게 가지려고 해도 면접관의 눈을 쳐다보기 힘들 수 있다. 그렇다면 면접관의 눈과 눈 사이의 미간, 또는 코끝을 본다. 어느 정도의 거리에서는 미간이나 코끝을 보는 것이 눈을 보고 있는 것과 큰 차이가 나지 않는다.

면접이 시작되면 나와 맞은편에 있는 면접관을 보고 있는 것이 가장 편하다. 만약 맞은편의 면접관이 고개를 숙였다면 옆의 면접관을 보거나, 나를 쳐다보는 시선이 느껴지는 면접관을 쳐다본다. 질문을 받을 때는 질문하는 면접관을 바라보고, 나를 쳐다보는 눈빛에 동요하지 않을 수 있도록 질문에 집중한다. 답변할 때는 해당 질문을 한 면접관을 보는 것이 좋은데, 면접관이 고개를 숙인다면 마찬가지로 나를 쳐다보는 시선이 느껴지는 면접관을 쳐다본다. 면접에 집중하기도 힘든데 시선 처리하는 것이 버거울 수 있다. 그러나 사회생활에서 커뮤니케이션 능력은 필수이다. 면접이라는 어려운 자리에서 면접관의 눈을 쳐다보기는 쉽지 않은 일이지만 면접관은 면접자를 내려다보고 있는 것이 아니라 똑같은 높이의 의자에 앉아서 바라보고 있다. 지금 면접관은 나의 말에 귀 기울이고 있으므로, 합격하고자 하는 진심을 눈으로 전달하자.

시선 처리 TIP

1. 거울을 보며 연습한다. 여러 개를 놓고 시선 처리를 연습한다.
2. 곰 인형, 인물사진, 거울 등 다양한 방법으로 응용하면 더욱 좋다.

우리는 공시생이 아니라 공무원이 되어야 한다

– 답변 방법

우리는 유년 시절, 초등학교, 중학교, 고등학교, 대학교를 거치면서 부모님, 친구, 선생님 등 많은 사람과 부딪히면서 대화를 해왔다. 요즘은 대학교에서 팀 프로젝트, 발표 등을 통한 과제가 많기 때문에 사람들 앞에서 말하는 기회도 많다. 그러나 면접은 우리가 자주 겪지 않는 일이기에, 면접관과 마주 보고 앉아서 면접관의 질문을 듣고 대답을 하기는 쉽지 않은 일이다. 면접관의 질문에 당황하지 않고 준비한 답변, 그리고 내 생각을 잘 전달하기 위한 방법이 있다.

첫 번째, 한 박자 쉬고 대답하기이다. 면접관의 질문을 듣자마자 아는 것이라고 혹은 준비한 답변을 잊어버릴까 봐 빠르게 답변하는 경우가 있다. 그러나 질문을 끝낸 면접관에게도 들을 준비할 수 있는 시간을 주어야 한다. 또한 한 박자 쉬면서 다시 한번 어떻게 답변할지 머릿속으로 정리할 수 있다.

"자기소개해 보세요."
(한 박자 쉬고)
"안녕하십니까, 응시번호 ○○○○○○ 홍길동입니다! 저는…"

두 번째, 앵무새 화법이다. 면접관의 질문을 듣고 한 박자 쉬었음에도 머릿속으로 정리가 되지 않을 수 있다. 그러나 시간을 지체하는 것은 옳지 않다. 이때, 면접관의 질문을 다시 한번 말하면서 머릿속으로 답변을 정리할 수 있다. 종종 '그 순간에 저 몇 마디 한다고 생각이 나겠어요?' 라고 말하는 수험생도 있는데, 연습해두면 실전에서 큰 도움을 얻을 수 있다.

"최근에 뉴스를 본 적이 있다면, 가장 기억나는 이슈는 무엇입니까?"
(한 박자 쉬고)
"네, 답변 드리겠습니다. 최근에 본 뉴스 중에서 가장 기억나는 이슈는…"

세 번째, 솔직하게 반응하자. 면접관이 내가 아는 것, 준비한 것만 질문하면 좋겠지만 항상 현실은 그렇지 못한 경우가 더 많다. 그렇다고 모든 예상 질문, 기출 질문들을 다 외울 수는 없는 노릇이다. 면접에서 모르는 것, 혹은 알지만 기억이 잘 나지 않는 것은 솔직하게 모른다고 말하는 것이 좋다. 억지로 답변을 만들어내기 위해 진땀을 흘리는 것보다는, 깔끔하게 다음 질문으로 넘어가는 것이 나을 때도 있다. 또는 아는 것인데 한 박자 쉬고, 앵무새 화법을 해도 정리가 잘 안 된다면 잠시 생각할 시간을 달라고 하는 것도 좋은 방법이다. 그러나 주어지는 시간은 길어야 30초이므로, 30초 안에 빠르게 정리를 해야 한다.

"행복지수를 나타내는 지표 5가지는 무엇입니까?"

(한 박자 쉬고)

"제가 미처 이 부분은 준비하지 못하였습니다. 다른 질문을 주시면 성실히 답변하겠습니다. 그리고 이 부분은 추후 꼭 숙지하도록 하겠습니다."

또는

"잠시 생각할 시간을 주시겠습니까?"

네 번째, 마무리가 중요하다. 면접관의 질문에 답변한 후 "이상입니다.", 혹은 가능하다면 "이상입니다. 감사합니다."라고 덧붙이는 것이 좋다. 면접관이 답변하고 있는 나를 계속 바라보고 있는 경우도 있지만, 고개를 숙이고 있는 경우 내가 답변이 끝났는지 알 수가 없다. 또한 답변에 대한 결론이 확실하지 않은 경우 답변이 끝났는지 판단하기에 모호한 경우가 있다. 따라서 답변의 끝에 "이상입니다."를 덧붙여주면 답변이 끝난 것을 알 수 있다.

"현직 공무원들의 부정부패에 대해 어떻게 생각합니까?"

(한 박자 쉬고)

"네, 답변 드리겠습니다. 현직 공무원들의 부정부패에 대한 저의 생각은…입니다. 이상입니다."

5. 면접 1분 자기소개

면접에서 '자기소개'는 '포부'와 같다. 단순히 '나'라는 사람을 소개하는 것뿐만 아니라 '나'라는 사람이 왜 공직에 적합한지를 표현해야 한다. 그리고 자기소개 시간은 보통 1~2분 내외로 주어진다. 1분이라는 시간이 짧다면 짧은 시간이지만, 1인당 총 면접 시간이 15~20분이라는 것을 고려하면 나를 표현하기에 적당한 시간이다. 자기소개는 면접을 시작할 때 하는 경우가 있고, 마지막에 하는 경우가 있다.

면접을 시작할 때 자기소개를 하는 경우, 면접관은 '나'라는 사람에 대해 아무것도 모르기 때문에 '나'라는 사람이 어떤 사람인지 간략하게 알고 싶은 것이다. 따라서 이때는 '나는 이런 생각을 가진 사람이기에 공무원에 적합하고, 앞으로 어떤 공무원으로서 어떤 자세로 공직에 임할 것인지'에 대해 어필한다.

"자기소개해 보세요."

(한 박자 쉬고)

"네, 자기소개해보겠습니다. 안녕하십니까, 저는 응시번호 ○○○○○○ 홍길동입니다. 저는 아버지를 아버지라 부르지 못하고 성장하였지만, 씩씩하고 긍정적인 마인드로 원만한 학창 시절을 보냈습니다. 친구들의 고민 상담을 잘해주고 입이 무거워 친구들 사이에서는 해결사라는 별명으로 불리곤 했습니다. 또한 대학 진학 후 사회복지사 자격증을 취득하였습니다. 이러한 저의 장점을 적극적으로 활용하여 대한민국 국민을 위해 봉사하는 공무원이 되고자 합니다. 답답한 마음으로, 급한 마음으로 기관을 찾는 민원인의 마음을 헤아리고, 해결을 위해 최선을 다하는 모습으로 다가갈 수 있는 공무원이 되겠습니다."

면접의 마지막에 자기소개를 하는 경우에는 '마지막으로 하고 싶은 말 있으면 해보세요.' 하는 경우이다. 즉, 자기소개 = 마지막으로 하고 싶은 말이다. 이때는 앞에서 진행되었던 면접의 내용과 면접관들의 반응을 토대로 '나는 이런 생각을 가진 사람으로서, 앞으로 어떤 공무원으로서 어떤 자세로 공직에 최선을 다해 임하겠다.' 라는 것을 어필한다.

"마지막으로 하고 싶은 말 있으면 해보세요."

(한 박자 쉬고)

"네, 마지막으로 하고 싶은 말씀을 드리겠습니다. 저는 아버지를 아버지라 부르지 못하고 성장하였습니다. 하지만 씩씩하고 긍정적인 마인드로 학창 시절을 보내면서, 친구들 사이에서 고민 상담 해결사라고 불리기도 하였습니다. 누구나 힘들고 절박한 시기가 있다고 생각합니다. 앞에 계신 면접관님들께서는 오늘 수십 명의 면접자에게 열심히 하겠다는 말을 들으셨을 것입니다. 저도 마찬가지입니다. 오늘의 이 절박한 마음을 잊지 않고, 기관을 찾는 민원인 한 명 한 명의 마음을 헤아려주고, 해결을 위해 최선을 다할 수 있도록 하겠습니다. 오늘 저에게 해주신 말씀들 기억하고, 부족했던 부분들은 보완할 수 있도록 하겠습니다. 감사합니다!"

면접의 시작에 하는 자기소개와 마지막에 하는 자기소개는 비슷한 듯 다르다. 하지만 나라는 사람을 간략하게 설명하면서 공직에 적합한 사람임을 어필하는 것은 같다. 앞에 하는 자기소개는 면접의 시작이므로, 공무원으로서의 포부를 어필하면서 나에 대한 기대감을 심어주는 느낌으로 말한다. 마지막에 하는 자기소개는 최후의 발언이다. 마지막에 하는 자기소개의 경우 준비한 것을 그대로 외우기보단 면접의 내용을 활용하는 것이 좋다. 면접이 진행되는 동안 아쉬운 점이 있었다면, 그 부분을 보완하는 방향으로 마무리한다. 면접관의 반응이 좋은 부분이 있었다면, 그 부분을 다시 한번 언급하며 마무리한다.

1분 자기소개서 TIP

1. '나' 라는 사람을 짧고 간략하게 어필한다.
2. 공무원으로서의 포부를 자신의 장점과 연결하여 말한다.
3. 마지막에 자기소개(하고 싶은 말)를 하는 경우 면접 내용과 연결 지어 말한다.
4. 미리 여러 가지 경우의 수를 생각하여 대본을 만들어 50% 이상 암기한다.
5. 다양한 경우에 사용할 수 있도록 순발력 있게 대처하는 연습을 한다.

03

직무 역량
자기소개서 작성

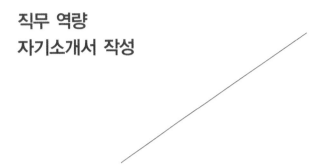

1. 자기소개서 정의

사전적 정의로는 자기의 이름이나 경력, 직업 등을 상대방에게 알리기 위한 서식을 의미한다. 일반적 의미로는 다른 사람에게 자신을 알리기 위하여 작성하는 글이다. 자기소개서를 작성하는 이유는 단시간 안에 자신의 장점, 자신의 성격, 업무역량 등을 누군가에게 알려야 할 경우가 생기기 때문이다. 일반적으로 대학 입시, 단체 가입, 회사, 공무원 등에 지원할 때 자기소개서를 작성하여 제출하게 된다.

자기소개서를 쓰라고 하면 막연한 경우가 많다. 무엇을 어떻게 써야 할지를 모르기 때문이다. 그래서 전통적인 자기소개서의 개념인 나는 어디서 태어났고, 어떤 학교를 나왔으며 등의 글을 쓴다. 하지만 공무원 시험의 경우 면접

우리는 공시생이 아니라 공무원이 되어야 한다

관은 개인의 자서전을 궁금해하지 않는다. 자신과 상관없는 사람의 인생사가 왜 궁금하겠는가? 그들이 궁금해하는 것은 지원하는 사람이 공무원의 자질을 갖춘 사람인지, 직무를 수행할 능력을 갖춘 사람인지를 보고 싶어 한다. 그렇다면 저는 공무원이 되는 자질을 갖춘 사람이며, 당신들이 요구하는 능력을 갖춘 인재라는 것을 부각해야 한다.

자기소개서는 면접에서도 활용되는 중요한 서류이다. 면접을 볼 때 자기소개서는 면접관의 서류 중에 이력서와 함께 맨 앞에 있는 서류이다. 면접의 당락을 결정하는 중요한 요인의 하나로서, 면접관의 책상 위에 놓인 서류가 바로 자기소개서이다.

자기소개서의 중요성은 누구나 알지만, 정작 수험생이 쓴 자기소개서의 완성도는 경험상 50%를 넘지 못한다. 대부분의 자기소개서가 여러 가지 사실의 나열 위주이며, 직무와 연결하지 못하고 끝을 낸다. 그리고 문제를 이해하지 못하여 엉뚱한 답을 적곤 한다. 자기소개서도 정해진 답이 있을까? 라는 질문을 해보면, 필자는 있다고 생각한다. 아니 최소한 체크 포인트는 있다는 말이다.

2. 직무역량 자기소개서 작성법

"국가가 왜 당신을 공무원으로 뽑아야 합니까?"

"공무원이 되기 위해서는 갖추어야 할 필요한 자질이 있습니다. 저는 그러한 자질을 가지고 있으며, 직렬에 적합한 역량을 가진 인재이기 때문에 저를 뽑는 것이 국가의 발전에 도움이 됩니다. 맡은 직무에 저의 모든 역량을 발휘해 국가와 국민을 위해 최선을 다하겠습니다."

이 간단한 대화에 자기소개서가 요구하는 항목이 모두 다 담겨있다. 공무원을 모집하는 국가는 자기소개서를 왜 요구할까? 그 사람의 인생이 궁금해서일까? 아니다. 그런데 왜 자서전을 적는가? 성장 과정을 적으라는 요구사항이 있다면, 어디서 태어났고, 어느 학교를 나왔는지가 궁금해서일까? 아니다. 그것은 이력서에 다 기재가 되어있다. 그렇다면 왜 성장 과정을 적으라는 것일까? 직무역량을 판단하기 위해서다.

자기소개서가 중요시하는 것은 지원 직렬에 대한 역량이다. 직렬에서 일을 맡아 수행하는 것을 직무라 한다. 그 직무에는 여러 가지가 있다. 역량이라는 것은 사전을 보면 어떤 일을 해낼 수 있는 힘이라고 되어있다. 즉 직무를 수행하기에 필요한 자질(능력)을 말한다. 그렇다면 자신이 지원하는 직무에 대해서는 어떤 역량이 필요한지를 먼저 알아야 한다. 그러면 역량은 어떤 것이 있는지부터 살펴보자.

3. 직무역량의 종류

문서작성, 고객지향, 문제해결, 꼼꼼함, 발표능력, 성과지향, 팀워크, 논리력, 의사결정, 정보분석, 통찰력, 의사소통, 설득력, 글로벌 마인드, 실천력, 준비성, 리더십, 자기관리, 위기관리 집중력, 적응력, 창의력, 시간 관리, 통찰력, 기획력, 교섭력. 끈기, 이타성, 성실성, 신뢰성, 도전정신, 책임감, 자신감, 적극성, 지적 탐구심, 도덕성 등이 있으며, 국가직무 능력표준에 따른 NCS 기초직무능력인 의사소통 능력. 수리 능력, 문제해결 능력, 자기 계발 능력, 자원관리 능력, 대인관계 능력, 정보 능력, 기술 능력, 조직이해 능력, 직업윤리 등 10가지가 있다. 자기소개서에는 이러한 직무 능력을 경험으로 녹여야 한다.

4. 공무원에 대한 이해

공무원이란 직접 또는 간접으로 국민에 의하여 선출 또는 임용되어 국가나 공공단체와 공법상의 근무 관계를 맺고 공공적 업무를 담당하고 있는 자를 말한다. 공무원은 정치적으로는 주권자인 국민의 대표자, 수임자로서 "국민 전체에 대한 봉사자이며, 국민에 대하여 책임을 진다"(헌법 제7조1항)라는 것을 본질로 하며, 법적으로는 국민의 법적 조직체인 국가기관의 구성자요, 국가조직의 인적 요소, · 법적 단위로서 특별한 법적 지위가 인정되고, 국가에 대하여 공법상 특별권력관계를 맺고 있는 기관 구성자이므로, 공무원의 신분 관계는 공법적임을 특색으로 하는 동시에, 직업인으로서 근로관계에 있다.

처음 공무원 임용 시, 국가공무원복무규정 제2조에 의거 다음과 같이 소속

기관장 앞에서 선서한다.

"나는 대한민국 공무원으로서 헌법과 법령을 준수하고, 국가를 수호하며, 국민
에 대한 봉사자의 임무를 성실히 수행할 것을 엄숙히 선서합니다."

– 공무원윤리헌장
① 국가에는 헌신과 충성을,

② 국민에게는 정직과 봉사를,

③ 직무에는 창의와 책임을,

④ 직장에는 경애와 신의를,

⑤ 생활에는 청렴과 질서를 다해야 함.

– 공무원 10대 의무
① 성실 ② 청렴 ③ 친절공정 ④ 비밀유지 ⑤ 복종 ⑥ 품위유지 ⑦ 취임 시 선서 의
무 ⑧ 직장이탈 금지의무 ⑨ 영리업무 및 겸직금지 ⑩ 정치 운동 금지 이외에도 종교
중립의 의무, 집단행위 금지

– 공무원의 덕목
사익보다는 공익을 생각하는 마음과 청렴, 책임감, 봉사 정신

5. 자기소개서에 들어갈 내용

－자기소개서 항목

자기소개서 항목은 직렬 별로 약간의 차이가 있지만 크게 다음 네 가지로 구성되어있다.

첫째, 성장 과정 및 학교생활(사회생활)

성장 과정은 환경이 나에게 어떤 긍정적인 영향을 끼쳤는가에 중심을 두고 작성하며, 구체적이고 사실적인 부모님과 얽힌 에피소드 등을 중심으로 작성하는 것이 좋다. 에피소드를 통해, 직렬에 필요한 역량의 한 부분을 작성하자. 성장 과정은 지원자의 인성과 가치관, 성격 형성과정을 판단하고, 공직문화에 적합한 사람인가를 판단하기 위함이다. 내용 전개 방법은 환경과 조건의 좋고 나쁨보다는 긍정적으로 변화된 사례 중심으로 기술하는 것이 좋다.

학교생활(사회 경험)은 본인이 경험한 인상적인 사건, 사례를 중심으로 그 사건을 통해 얻은 교훈을 위주로 작성한다. 보통 고등학교 진학 후 가치관이 정립되므로 학교생활은 가능하면 중학교 이후 내용을 기술하자. 그리고 학교생활, 아르바이트, 직장 생활 등에서 소재를 찾아 직렬과 연관시키자. 면접관은 이 문항으로 직무를 수행하기 위한 적합한 소양과 역량을 갖추었는지 판단하고, 지원 직렬에 적합한지를 판단한다.

둘째, 성격의 장, 단점

성격은 그 사람의 능력보다는 자질을 알아보기 위해서다. 장단점은 본인이 가진 가장 큰 장점 하나를 제시하고 그 장점으로 얻을 수 있었던 성공사례를 구체적으로 기술한다. 단점은 현재 그 단점을 극복하기 위해 어떤 실천과 노력을 하고 있는지를 보여 준다. 그리고 단점이지만 생각하기에 따라 장점이 되는 것을 선택하는 것이 좋다. 예를 들어 '목표 집착력'이라고 하면 집착력이란 부정적인 단어로 느껴지지만, 달리 표현하면 '강한 목표 의식'으로 인식할 수도 있다.

이 항목으로 지원 직무 수행에 적합한 성격을 보유한 지원자인지를 판단하고 공무원 문화에 적합한 성격을 보유한 지원자인지를 판단한다. 내용 전개 방법으로는 제시한 장점을 받쳐주는 사례를 중심으로 작성하고, 단점은 극복해 가고 있다는 것과 극복한 사례를 반드시 제시해 준다.

셋째, 공무원 지원 동기 및 포부

지원 동기는 마인드와 의욕만 표현하기보다는 자신이 지원한 직렬에서 필요로 하는 역량을 가지고 있는 인재임을 강조해야 한다. 지원 직렬에 대한 이해가 없다면 제대로 작성할 수 없는 항목이다. 또한, 본인의 역량과 지원하고자 하는 직렬과의 연관성이나 본인과의 인연, 지원 계기 등 관계를 엮어 보기 바란다. 구체적인 경험을 예로 들어도 좋다. 이 항목으로 지원 직렬과 직무에 대한 열정과 관심도를 판단하고 지원 직렬에 대한 준비성과 잠재력을 판단한다. 내용 전개 방법으로는 지원동기를 쓸 때는 일반론을 펴는 것보다 지원하는 직렬에 대해 자신은 어떤 준비를 했고 왜 적합한 인재이며, 자신의 어떤 역량이 직렬과 국가 발전을 위해 기여할 수 있는지를 구체적으로 언급해야 한다.

포부는 공무원 합격 후 어떻게 일을 할 것인가를 언급하고, 공무원으로서 5년, 10년 뒤 미래의 모습을 제시한다. 담당하는 분야에서 어떤 역량을 가지고 국가와 국민에게 기여할지를 기술한다.

넷째, 자원봉사활동 경험 및 느낀 점

봉사활동 경험을 통해 면접자의 인성을 판단하겠다는 것이다. 공무원의 직무 중 상당 부분이 국민을 위한 봉사 업무에 해당한다. 평소 면접자가 가지고 있는 봉사활동에 대한 자세와 앞으로 공무원으로서 국민에게 봉사할 준비가 되어있는지를 파악하기 위함이다. 따라서 자신이 봉사 활동한 경험을 구체적으로 기술하고 그에 대한 느낌을 기술해야 한다. 그리고 자신이 느낀 경험이 앞으로 공무원으로서 업무를 할 때 어떤 부분이 도움이 되리라는 것도 연결해 주어야 한다.

6. 자기소개서 무엇을 쓸 것인가.

자기소개서를 쓰려고 하면 무엇을 쓸 것인가부터 막연해진다. 그럴 때 다음 방법을 시도해보자. 글감 찾기 4단계를 시도해보자.

1단계, 먼저 자신의 인생에서 중요한 항목(경험) 10가지 정도를 단어로 서술한다.

2단계, 단어를 하나의 문장으로 표현한다. 그러면 총 10개의 문장이 된다. 문장 하나마다 그 문장을 설명하는 문장을 두 개 정도 덧붙인다. 그러면 총 30개의 문장이 된다.

3단계, 그다음 위의 자기소개서의 문항에 어울리는 경험을 선정한다. 그 항목을 자세하게 서술해 하나의 단락으로 만들자.

4단계, 만약 연관된 항목이 없다면, 자기소개서 문항과 연관된 경험을 다시 한번 생각해보자. 이런 과정을 한두 번 반복한다면 자기소개서에 맞는 사례가 생길 것이다.

7. 자기소개서 어떻게 쓸 것인가.

앞에서 살펴보았듯이 자기소개서에는 공무원이 갖추어야 할 자질 +직무에 대한 역량 + 자신의 경험 이 세 가지가 들어가야 한다. 자기소개서에는 개별 문항이 있다. 개별 문항 속에 공무원이 갖추어야 할 자질과 직무에 대한 역량을 자신의 경험 속에 녹여내야 한다. 앞서 서술한 무엇을 쓸 것인가에서 어느 정도 경험이 선택되었을 것이다. 그다음에는 서술 방식으로 STAR-FR 기법을 사용하여 재구성하자.

S-SITUATION	상황
T-TASK(TATLE)	문제
A-ACTION	그 문제를 해결하기 위한 행동, 활동
R-RESULT	결과
F-FEEL	느낀 점, 알게 된 것, 얻은 교훈 등
R-RELATION	그러한 것을 직무와 연결한다.

자기소개서 문장 구성 기본이다. 여기서 A, F가 특히 중요하다. 자기소개서를 작성할 때는

ⓐ먼저 자신의 직렬에는 어떤 직무 역량이 필요한지를 생각한다. (위 직무 역량 종류 참고할 것)

ⓑ그 역량에 해당하는 자신의 경험을 살펴본다.

ⓒ그런 후 STAR-FR 기법을 사용하여 작성한다.

8. 자기소개서 작성 시 이것만은 주의하자.

자기소개서는 면접관에게 '나'를 보여주는 것인 만큼, 맞춤법에 주의해야 한다. 자기소개서를 쓰고 있는 수험생이라면 필기 합격을 했으니 기본적인 국

어 문법은 잘 알고 있겠지만, 4개 문항 중 정답을 고르는 것과 기술하는 것은 다르다. 따라서 주의해야 할 문법들이 많이 있지만, 문법을 모두 알 필요도 외울 필요도 없다. 맞춤법 검사는 〈한국어 맞춤법 검사 사이트〉를 활용하면 된다. 그리고 다음의 간단한 몇 가지의 주의할 점만 알고 있어도 자기소개서를 쓰는 데는 아주 어려움을 겪지 않는다.

자기소개서 TIP

1. 문장은 짧게 쓰자. 한 문장의 길이를 50자가 넘지 않도록 하자.
한 문장을 쓰고 글자 수를 셀 필요는 없다. 아래 한글 프로그램의 경우 글자 크기를 10pt로 했을 때, 한 줄이 띄어쓰기를 포함하여 대략 45자 정도가 된다. 그렇다면 한 줄 반을 넘지 않으면 된다. 만약 넘을 경우에는 쉼표를 찍어 의미를 나누어주면 된다.

2. 한 문장에 가능하면 같은 단어를 반복하여 쓰지 말자.
그녀는 예쁜 얼굴과 예쁜 다리를 가지고 있다. → 그녀는 예쁜 얼굴과 다리를 가지고 있다.

3. 자신 없는 표현은 삼가자.
~라고 생각한다. ~일지도 모른다. ~라고 본다. ~것이다. ~라고 추측한다. 등은 가능하면 사용을 피하고 단정적으로 표현하자.

4. ^^, ㅠㅠ, …, ㅋㅋㅋ, ㅎㅎ 등의 SNS씩 표현은 삼가자.

5. 본문 내용에 사투리, 비속어, 외래어, 외계어, 은어 등을 사용은 하지 말자.

6. 저(나)와 접속사는 가능하면 쓰지 말자. 또한, 쓰지 않아도 말이 되면 없애자.

7. 과거분사는 쓰지 말자.

8. '것, 들, 적, 의'는 쓰지 않아도 말이 되면 쓰지 말자.

9. 한 문장에는 하나의 의미만 담자.

10. 단락은 소주제문과 그것을 설명하는 뒷받침 문장으로 구성된다.

04

자기소개서
첨삭 사례

자기소개서 첨삭 전

응시직렬	시설(지적)	응시번호	90800000	성 명	○ ○ ○

1. 성장과정 및 학교생활

　남들보다 한발 앞장 서 주어진 일에 최선을 다하는 사람. 어린 시절부터 목표로 삼은 저의 신념입니다. 대학 시절 밴드 동아리 회장을 맡으며 회원모집, 공연기획 등을 준비했고 이 과정에서 제일 중요한 것이 책임감이라는 것을 깨달았습니다. 갑작스러운 밴드원의 개인적 사정으로 자칫 공연이 취소될 수 있는 위기에서 회장으로서 밤새 그 멤버의 연주 분야를 대신 연습해서 공연을 성공적으로 마무리 지었습니다. 이러한 희생정신과 우리를 지향하는 태도는 공무원이 되어 업무를 처리하는 데 빛을 발할 것이라고 확신합니다.

2. 자신의 성격(장 · 단점)

　나보다는 우리 사람들과 관계를 중요시하고, 어려움에 부딪힌 친구를 쉽게 지나치지 못합니다. 대학 시절 과대표로 지내던 중, 한 친구가 갑자기 집안 사정이 나빠져서 친구들과 용돈을 조금씩 모으고 교수님께 도움을 요청하여 그 친구가 장학금을 받을 수 있게 하였습니다. 하지만 이러한 태도는 종종 저 자신을 챙기는 데 소홀하게 됩니다. 시험 기간 중 학습 노트를 만들어 친구들에게 나누어주었지만, 정작 제 성적은 낮게 나온 적이 있습니다. 하지만 이후 시험에서는 미리 학습계획을 짜고 공유하여 성적을 향상할 수 있습니다. 이러한 공동체 지향 태도로 ○○ 행정을 위해 이바지하고 싶습니다.

3. 공무원 지원동기 및 포부

　준비된 공무원, 지적 for You 품격 있는 창조도시 ○○을 위해 준비된 지적공무원이 될 것입니다. 현재 ○○의 토지는 지적 불부합지 문제점이 많아 새로운 지적 재조사 사업이 필요한 것으로 알고 있습니다. 지적공무원으로서 토지를 정확하게 재조사하여 전산의 토지대장과 실제 토지를 일치시켜 국토 기본질서를 확립하는 데 기여하겠습니다. 정확한 조사를 통해 토지 분쟁을 해소하고 지역 산업발전의 밑거름을 만들어 ○○이 선진 산업문화 도시로 성장하는데 헌신하겠습니다.

4. 자원봉사활동 경험 및 느낀 점

　잘 몰랐었던, 무관심했던, 하지만 따뜻했던. 군 복무 시절, ○○의 한 교회로 봉사활동 간 적이 있습니다. 그곳은 힘없고 오갈 데 없는 어르신들을 모시는 시설을 함께 갖추고 있는 장소였습니다. 사실 이전까지는 이런 분들이 이렇게 많이 계신지 잘 알지 못했습니다. 하지만 그곳에서 몸이 불편하신 할아버지를 손수 목욕시켜드리고, 어르신들에게 기타를 치며 노래도 불러드리며 이전에 알지 못했던 따뜻한 감정을 느꼈습니다. 봉사를 마치고 복귀할 때, 너무 고맙다고 다음에 또 놀러 오라며 제 손을 잡고 말씀하시던 어르신들의 인사에, 앞으로도 소외된 계층을 위해 봉사하며 살겠다고 다짐했습니다.

※첨삭 포인트

1. 경험(STORY) 위주의 내용으로 구성되어 전체적으로는 좋다.

2. 대체로 무난한 자기소개서다.

3. 지원동기 부분이 빠졌다. 아주 중요한 항목이다. 다시 구성하기 바란다.

4. 문장의 길이도 적당하다. ~할 것이다, ~일지 모른다, 등의 표현은 삼가자.

5. 1번 문항의 소주제문은 최선을 다하는 사람이다. 그런데 내용은 희생정신이다. 무언가 맞지 않는 느낌이 든다. 글을 쓸 때 '공무원으로서의 갖추어야 할 직무역량이 어떤 것이 있을까?' 를 내용과 결부시켜야 한다. 자기소개서는 자기 스토리 + 직무역량이다.

6. 4번 문항은 느낌 부분을 좀 더 사실감 있게 표현하자.

7. 전체적으로 검토할 때, 써야 하는 부분만 쓴 것 같다. 다른 사람도 쓸 수 있는 내용이다. 특별한 점을 발견할 수 없다. 강한 인상을 남기기 어려운 자기소개서다.

8. 이런 부분 검토하여 다시 한번 작성한다면 좋은 자기소개서가 될 것 같다.

자기소개서 첨삭 후

응시직렬	시설(지적)	응시번호	90800000	성 명	○ ○ ○

1. 성장과정 및 학교생활

　대학 시절 밴드 동아리 리더로서 공연기획 등 전반적인 일을 이끌었을 때의 일입니다. 공연 준비 중 갑작스러운 밴드원의 사정으로 공연이 취소될 위기에 처했습니다. 공연에 대한 홍보를 끝내 취소할 수는 없는 상황에서 리더의 책임감을 강하게 느꼈습니다. 밤새 그 멤버의 연주 분야를 대신 연습해서 공연을 성공적으로 마무리하였습니다. 이러한 책임감과 맡은 자리에 최선을 다하는 태도는 공무원이 갖추어야 할 중요한 역량이며, 공무원이 되어서도 '맡은 자리에 주인으로' 업무에 임하겠습니다.

2. 자신의 성격(장 · 단점)

　관계를 중요시하고, 어려운 친구를 보면 쉽게 지나치지 못합니다. 대학 시절 한 친구가 가정형편이 좋지 않아 학업을 포기해야 할 상황이 되었습니다. 친구들과 협력하여 모금을 하고 교수님께 도움을 요청하여, 그 친구가 등록할 수 있게 도와주었습니다. 하지만 나보다 남을 먼저 생각함으로 종종 저 자신에게는 소홀한 부분이 있었습니다. 시험 기간 중 학습 노트를 만들어 친구들에게 나누어 주었지만, 정작 제 성적은 낮게 나온 적이 있습니다. 자기관리의 중요성을 깨닫고, 이후 시험에서는 미리 학습계획을 짜고 공부하여 성적을 향상할 수 있었습니다. 자기관리를 잘하면서 남을 도울 수 있는 공동체 지향 태도로 울산 행정의 발전을 위해 기여하고 싶습니다.

3. 공무원 지원동기 및 포부

　지적자료는 국토를 효율적으로 이용할 수 있게 하는 핵심요소입니다. 효율적인 국토 운용은 모든 사람에게 보다 편리한 삶을 살 수 있게 합니다. 이러한 지적 관련 업무를 함으로 사람들에게 봉사하는 삶이 보람되고 가치 있는 삶이라고 여겨 지원하게 되었습니다. 품격 있는 창조도시 ○○을 위해 준비된 지적공무원이 되겠습니다. 현재 ○○은 지적불합치가 많아서 새로운 지적 재조사 사업이 필요한 것으로 알고 있습니다. 정확한 조사를 통해 토지 분쟁을 해소하고, 지역산업발전의 밑거름을 만들어 ○○이 선진 산업문화 도시로 성장하는데 헌신하겠습니다.

4. 자원봉사활동 경험 및 느낀 점

　군 복무 시절, ○○으로 봉사활동을 간 적이 있습니다. 그곳은 힘없고 오갈 데 없는 어르신들을 모시는 시설을 함께 갖춘 단체였습니다. 그곳에서 몸이 불편하신 할아버지를 손수 목욕시켜드리고, 기타를 치며 노래도 불러드렸습니다. 봉사를 마치고 복귀할 때, 어르신들은 너무 고맙다고 얼굴에 웃음꽃을 활짝 피우며 또 놀러 오라고 말씀하셨습니다. 봉사활동을 하며 이전에는 알지 못했던 따뜻한 감정을 느꼈습니다. 그리고 사람의 얼굴에 웃음꽃을 피우는 씨앗은 다름 아닌 봉사라고 느꼈습니다. 공무원은 국민에게 봉사하는 사명을 가진 사람이라고 생각합니다. 지적 공무원이 된다면 맡은 일에 최선을 다하며, 주변에 소외된 계층에게도 봉사의 씨앗을 심어 웃음꽃이 활짝 핀 사회가 되도록 노력하겠습니다.

05

직렬별 합격
자기소개서 예문

응시직렬	일반행정	응시번호	90800000	성 명	○ ○ ○

1. 성장과정 및 학교생활

〈성실〉과 〈책임〉을 삶의 원칙으로 삼고 몸소 실천하며 살아오신 부모님 밑에서 성장한 저는, 주어진 일을 성실하고 책임감 있게 수행하는 사람이 되고자 노력해왔습니다. 대학교 재학 중 4년 동안 교내 영자신문사 부국장을 맡아 기사 검수, 기자교육, 인터뷰 섭외, 장소 섭외, 예산관리 등 다양한 일을 경험하면서 새벽부터 밤까지 학업과 일을 병행하였습니다. 그리고 전공과 더불어 복수전공까지 공부하며 지칠 때도 있었지만, 어느 하나 포기하지 않고 최선을 다한 결과 매 학기 신문 발간을 차질 없이 마무리할 수 있었고, 전액 성적장학금도 받을 수 있었습니다.

2. 자신의 성격(장 · 단점)

저의 장점은 상대의 말을 귀 기울여 듣고 잘 공감해주는 것입니다. 영화관 아르바이트를 하면서 영화관의 복잡한 할인 제도에 대해 불만을 표시하시는 고객들을 만나면, 먼저 해명을 하기에 앞서 고객의 말씀에 귀 기울이고 공감하려고 노력하였습니다. 그런 저의 모습을 본 한 고객이 고객 소리함에 저의 칭찬 글을 써주셨고 그 덕분에 우수직원상을 받을 수 있었습니다. 하지만 저는 저만의 스트레스 해소 방법을 찾지 못하고 있었습니다. 그래서 정기적으로 운동을 하고 명상을 하는 등 건강한 방식으로 스트레스 푸는 방법을 익혔고, 지금도 꾸준히 지속하여 단점을 극복하고 있습니다.

3. 공무원 지원동기 및 포부

교내 영자신문사 활동 중 〈직업 탐색〉 기사를 쓰기 위해 현직 공무원을 인터뷰한 적이 있습니다. "내가 사는 지역의 발전과 시민들의 편의를 위해 일하는 건 참 보람된 일이고, 이 일을 하는 나 자신이 정말 멋있다고 생각한다."라는 그분의 말씀이 매우 인상 깊었습니다. 그분과 만남 이후 평소 내 능력을 활용해 남을 도울 수 있는 직업, 그리고 어떻게 하면 직업을 통해 보람과 자부심을 느낄 수 있을지에 대해 고민하던 저는 국민을 위해 헌신할 수 있는 공무원이 되고자 결심하게 되었습니다.

울산시 공무원으로서 지역발전과 국민을 위해 일하는 공무원이라는 사실에 자부심을 느끼고, 국민의 행복과 편의를 위해 헌신하겠습니다.

4. 자원봉사활동 경험 및 느낀 점

대학교 1학년, 울산 한글 문화예술제에서 봉사활동을 한 경험이 있습니다. 그 당시 저는 한글 퍼즐 놀이 부스에서 근무하였는데, 다른 부스에 비해 다소 정적인 활동으로 구성되어 있었기에 아이들에게 인기가 없었습니다. 그래서 흥미를 느끼지 못하는

아이들을 위해 매뉴얼에 없는 놀이를 즉석에서 만들어 아이들이 재밌게 체험할 수 있도록 노력하였습니다. 그러자 재미있다는 입소문이 나서 성공적으로 부스를 운영할 수 있었습니다. 이 경험을 통해 주어진 상황이나 조건에 안주하지 않고, 애정과 관심을 가지고 행동하면 더 나은 결과를 창출해낼 수 있다는 것을 알게 되었습니다.

응시직렬	공업(일반전기)	응시번호	9100000	성 명	○ ○ ○

1. 성장과정 및 학교생활

저는 성공을 위해 최선의 노력을 하되 도리에 어긋나는 행동을 하거나 남에게 피해를 주지 말고 살아가라는 부모님의 가르침 아래, 성실하고 정직한 사람이 되기 위해 노력하였습니다. 그리고 대학교 진학 후 학생 홍보대사로 선정되어 3년간 캠퍼스투어 · 학내 소식 기사 작성 등을 하며 학우들에게 자랑스러운 학교임을 일깨워주기 위해 노력하였습니다. 또한 학업에도 충실히 임하여 성적 우수 장학금을 받기도 하였습니다.

2. 자신의 성격(장 · 단점)

더 나은 제가 될 수 있도록 끊임없이 노력하는 자세가 장점입니다. 매일 일기를 쓰며 하루를 돌아보고, 더 나은 내일을 맞이할 수 있도록 반성하며, 자신을 격려합니다. 또한 저의 부족한 점을 지적해주는 주변인의 말에 귀 기울여 자기성찰을 통해 좀 더 발전하는 제가 될 수 있도록 노력합니다. 반면에 이렇게 끊임없이 노력하는 성격은 정해진 목표에 도달하기 위해 스스로를 지치게 하는 경우도 있습니다. 하지만 이런 단점을 깨닫고 스스로 생활을 관리하여 주어진 목표를 계획적으로 달성하고 노력하고 있습니다. 이러한 노력은 끊임없이 저를 발전하게 하는 원동력이 되어, 저를 성장하게 하는 밑거름이 된다고 생각합니다.

3. 공무원 지원동기 및 포부

대학교 3학년 재학 중 집수리 봉사활동을 통해 사람들의 안식처인 집을 수리해드린 적이 있습니다. 작은 힘이나마 복지 사각지대에 놓여있는 주민에게 힘이 되어주고 지역 발전에 이바지하였다는 사실이 큰 보람이 되었습니다. 이러한 경험을 통해 울산 발전에 일익을 담당하고, 시민과 가까이에서 소통하는 직업을 갖고 싶었습니다. 그래서 저의 전공 또한 살릴 수 있는 전기직 공무원에 지원하게 되었습니다.

저는 완벽한 사람도 뛰어난 사람도 아닙니다. 그러나 ○○광역시 공무원으로서 책임감을 가지고 매사에 적극적인 자세로 끊임없이 부족한 부분을 보완하며 발전할 수 있도록 최선을 다하는 공무원이 되겠습니다.

4. 자원봉사활동 경험 및 느낀 점

2016년 태풍 차바로 인해 ○○ 곳곳이 침수된 이후 피해를 입으신 할머니의 집수리 봉사를 한 경험이 있습니다. 찢어진 벽지와 부서진 가구를 치우고 바닥재를 바르고 조명과 콘센트를 정리하였습니다. 수리가 완성된 집을 보고 연신 고맙다고 말씀하시던 할머니를 보며, 마음이 벅차오르는 것을 느끼게 되었습니다. 그 후 다른 사람에게 도움을 주면서 함께 성장해 가는 사람이 되고 싶었고, 타인을 행복하게 해주는 것이 동시에 나를 행복하게 하는 것임을 깨닫게 되었습니다.

시민을 위해 봉사하는 것이 얼마나 가치 있는 일인지 느꼈기에, 앞으로 시민을 위해 헌신하는 공무원이 되겠습니다.

자기소개서 지적직 합격 예문

응시직렬	지적직	응시번호	9200000	성 명	○ ○ ○

1. 성장과정 및 학교생활

　사진과 비디오 촬영을 취미로 즐기시던 아버지의 영향으로, 중학생 때부터 본격적으로 사진 촬영을 좋아하게 되었습니다. 제가 찍어준 사진을 보며 가족과 친구들이 기뻐하는 모습은 큰 행복이었습니다. 대학교 진학 후에도 학과행사 또는 해외 봉사에서도 사진 촬영은 언제나 저의 담당이었습니다. 사진에는 제가 나오지 않지만, 타인의 행복한 모습을 추억으로 남길 수 있듯이, 앞으로 민원인들의 기억에 남을 수 있도록 헌신하는 공무원이 되겠습니다.

2. 자신의 성격(장·단점)

　저는 사람들과 소통하기를 좋아합니다. 모임이나 학교 등 어떤 곳에 한 구성원으로서 소속되면 저로 인해 사람들이 즐거워할 수 있도록 분위기메이커 역할을 하는 것이 저의 장점입니다.
　단점은 긴장하면 손을 떠는 것입니다. 어려운 자리나 갑작스러운 상황에 처하게 되면 지나치게 긴장할 경우 손을 약간 떠는 경향이 있습니다. 그러나 겉만 그럴 뿐 대화를 하는 데는 전혀 지장이 없으므로 의식적으로 손의 떨림을 잡기 위해 노력하고 있으며, 빠른 상황 판단력과 조리 있는 말로 상황을 잘 극복하고 있습니다.

3. 공무원 지원동기 및 포부

　지리학과를 전공한 저는 현직 지적공무원 선배의 조언을 통해 지적공무원에 대하여 매력을 느꼈습니다. 이후 지적기사를 취득하였고, 지적 실무에 대한 경험을 쌓기 위해 한국국토정보공사 청년 인턴으로 근무하였습니다. 그리고 울산시 지적 업무에 일조하고 싶어 지적공무원에 지원하게 되었습니다.
　울산광역시 지적공무원으로서 미소로 민원인을 맞이하고 맡은 바 책임을 다해 친절하게 해결해드릴 수 있는 지적공무원이 되겠습니다.

4. 자원봉사활동 경험 및 느낀 점

　2012년, 민간단체를 통해 친구와 함께 1년 동안 아프리카 자원봉사에 지원하여 잠비아에서 태권도와 컴퓨터를 알려주었습니다. 처음에는 어색하고 의사소통에도 어려움이 있었습니다. 그러나 그들에게 다가가려는 저희의 마음이 통하였는지 어느새 작은 것에도 크게 즐거워 하고 저희를 따르는 학생들을 보며, 그들의 웃음에 저 또한 행복함을 느낄 수 있었습니다. 저는 1년간의 소중한 경험 덕분에 말이 통하지 않더라도 마음을 통해 진심은 통한다는 것을 알게 되었습니다. 앞으로 지적공무원으로서 시민들에게 마음으로 다가가 소통하는 공무원이 되겠습니다.

자기소개서 교육행정직 합격 예문

응시직렬	교육행정직	응시번호	9200000	성 명	○ ○ ○
성장 과정	\multicolumn{5}{l}{ 4남매 중 차녀로서 시끌벅적하고 화목한 가정에서 성장하다 보니, 매사에 긍정적인 마음을 가질 수 있었습니다. 또한, 남매간 갈등이 있을 때 서로 양보하고 배려하는 것을 자연스럽게 배울 수 있었습니다. 중학교 시절부터 시작한 노래 부르기가 취미가 되어 고등학교, 그리고 대학교까지 약 10년간 밴드동아리를 하며 협동심을 기를 수 있었습니다. 또한 대학교 3학년 때 밴드 정기공연을 기획하여 팀원들과 함께 성공적으로 마무리를 하여 뿌듯했던 경험이 있습니다. 그리고 ○○구청에서 공연도 하여 표창장을 받기도 하였습니다. }

성격 및 교우 관계	장점은 적응력이 빠른 것입니다. 직장생활을 할 때 일입니다. 갑작스럽게 바뀐 프로그램의 오류로 회사 전체가 업무에 어려움을 겪게 된 적이 있습니다. 이때 제가 새로운 프로그램을 숙지하여 프로그램 오류를 찾아내고 개선될 수 있도록 보고하였고, 다른 직원들에게 수정된 부분을 알려주어 모두가 빠르게 프로그램을 숙지할 수 있도록 하였습니다. 또한 평소 십년지기 친구들과도 한 번도 싸우지 않을 정도로 모든 친구들과 사이좋게 지내는 편입니다. 혹시 친구들 간에 사소한 오해가 있더라도 제가 중간에서 우정을 유지할 수 있도록 중재하는 역할을 합니다.

사회 활동	중학교 때부터 장애인 복지센터에서 친구들과 함께 목욕 봉사를 하였고, 고등학교 때는 교내 봉사를 많이 하여 봉사상을 받기도 하였습니다. 대학교 진학 후에는 ○○청소년 수련관에서 저소득층 아이들의 방과 후 활동을 도우며 멘토 역할을 해주었습니다. 그리고 현재는 교회에서 초등학생을 위해 간식 도우미를 하고 있으며, 월드비전을 통해 매달 후원도 하고 있습니다.

직업관	자신의 자리에서 공무원으로서의 소명을 가지고 전문성을 토대로 국민에게 신뢰를 주는 것이 공무원이라고 생각합니다. 소명을 가지고 있다면 자연스럽게 책임감을 가지게 됩니다. 그리고 자신의 것이라는 확신을 가지면 그 일에 대해 전문성을 가지게 되면서, 어떤 상황에서도 정확하고 신속하게 대처할 수 있습니다. 따라서 ○○ 교육청 공무원으로서 초심을 잃지 않고 소명을 가지고 국민에게 신뢰받을 수 있도록 지속해서 노력하겠습니다.

지원 동기	직장 생활을 하며 남을 돕는 일이 보람차고, 자신도 발전할 수 있다는 것을 깨닫게 되었습니다. 이에 저의 활발한 성격과 직장생활에서의 경험을 적극 활용하여 국민에게 도움이 되고자 지원하게 되었습니다. 과거 · 현재 · 미래를 이어주는 것이 교육입니다. 누구에게나 평등하게 교육이 제공될 수 있도록 가장 낮은 자리에서 주어진 일에 책임을 다하여, 국가와 ○○의 교육 발전을 위해 최선을 다하겠습니다.

66

자기소개서는 면접에서도
활용되는 중요한 서류이다.
면접을 볼 때 자기소개서는 면접관의
서류 중에 이력서와 함께 맨 앞에 있는 서류이다.
면접의 당락을 결정하는 중요한 요인의 하나로서,
면접관의 책상 위에 놓인 서류가
바로 자기소개서이다.

99

"빙산의 일각인 합격생은 실력과 절실함을 모두 가지고 있는 사람이다"

요즘 경기가 어렵다 보니 취직하기가 과거 어느 때보다 힘들다. 취직하더라도 많은 부분 안정적이지 못한 직장을 구하거나, 아르바이트하는 것이 현실이다. 이런 사회 현상 때문일까, 최근 많은 사람이 공무원 시험에 도전하고 있고, 또한 더 많은 사람이 공무원 시험 도전 여부를 고민하고 있다. 지금 공무원 시험공부를 하는 수험생은 자신이 가고 있는 길이 맞는 길인지 불안해하며 하루하루를 보내고 있으며, 시험공부를 해볼까 생각하는 사람은 현재 자신이 공무원 시험공부를 시작하기에 적합한 상황인지에 대해 고민하고 있다.

공무원 공부는 취업준비생 사이에서 대한민국에 존재하는 취업 준비 중 가장 공정한 시험으로 통한다. 그만큼 누구나 시작할 수 있으며, 누구에게나 합격의 기회가 열려있다. 열심히 공부한다면 4개월 단기 합격도 가능하고, 늦어지면 5년 이상이 걸릴 수도 있지만 언젠가는 합격할 가능성이 있는 시험이다. 그러나 20대, 우리의 시간은 소중하기 때문에 '언젠가는 합격하겠지.' 라는 안일한 생각으로 시간을 허비할 수는 없다.

따라서 자신에 맞는 결정을 현명하게 내리기 위해서는 정보가 필요하다. 첫째, 자신의 상황이 공무원 시험 준비에 적합한 것인지, 그렇다면 둘째, 공무원 시험에는 어떤 직렬이 자신과 맞는지, 셋째, 그 직렬을 위해서는 어떤 준비가 필요하며, 넷째, 어떻게 공부를 해야 하는 것이 현명한 선택인 지에 대해 판단할 정보가 필요하다. 또한 다양한 시각에서 다룬 공무원 시험 준비에 대한 현황이 필요하며, 그것을 눈으로 보고 분석할 수 있어야 바른 판단을 할 수 있다. 그래야 잘못된 판단으로 시간을 허비하지 않으며, 공무원 시험에 실패할 가능성도 줄어든다.

그러나 시중에는 그런 판단을 도와줄 만한 정보를 찾기가 매우 힘들다. 언론이나 인터넷에서는 공무원 준비하기를 권하지, 개인의 상황에 맞추어 안내하지 않는다. 그리고 최근에는 학원에 다니는 사람보다 인터넷 강의를 수강하는 사람이 훨씬 더 많기 때문에, 공무원 시험 준비의 현실과 그 정보에 대해 수험생 스스로 알 길이 없다. 공무원 시험을 준비하기 위해서는 기본적으로 알아야 할 부분과, 주의해야 할 부분에 대해 알고자 하는 노력을 해야 한다.

그러나 인터넷 강의를 들으며 혼자 공부하다 보면, 공부 이외의 정보에 대해서는 약할 수밖에 없다. 또한, 학원에서 상담을 받아도 학원은 영리를 목적으로 하기 때문에 학원 등록을 받기 위한 상담을 하지, 수험생 개개인에 대한 컨설팅이 이루어지는 것이 아니다. 그러나 20대, 가장 예쁘게 빛나야 할 시간을 오로지 시험공부에 전념해야 하는 만큼, 단순히 학원 안내로 끝나는 상담이 되어서는 안 된다는 것이 필자의 평소 생각이다. 정확한 목표설정, 동기부여, 더 나아가 합격 후 공무원으로서 가져야 할 마음가짐에 대한 것까지 알려주는 것이, 공무원을 배출하는 공무원 학원이 가져야 할 자세라고 생각한다. 실제로 필자가 상담하며 자주 들었던 말이 "상담이 너무 좋았어요, 상담료를 내야 하나요?"이다. 물론 학원 상담은 상담료를 받지 않지만, 학원에 등록할 상황이 아니거나, 공무원 준비를 할지 말지 고민하는 수험생에게도 개개인의 상황에 맞는 적절한 상담을 해준 것에 대한 감사의 표현일 것이다.

이 책에서는 '이렇게 하면 공무원 시험에 합격할 수 있다.' 라는 방법은 제시하지 않았다. 그것은 합격한 자만이 알 수 있는 자신만의 방법이기 때문에 그 방법이 모든 사람에게 적용된다고 말할 수는 없기 때문이다.

필자는 공무원 학원에서 9년간 상담 실장으로 일했다. 그러면서 수많은 수험생의 상황을 접했다. 그런 경험을 공무원 시험을 준비하고자 하는 수험생에게 부담 없이 전달하여 조금이나마 도움이 되고 싶었다. 그래서 이 책을 쓰게 되었다. 이 책은 공무원 시험 상담서이다. 실제 학원으로 상담 오는 예비 수험생이 공통으로 하는 질문에 대한 답변을 실제 수험생과의 대화와 사례들을 통해 정리하였다.

'빙산의 일각' 이라는 말이 있다. 공무원 수험생 전체가 빙산이라면, 합격생은 빙산의 일각이다. 공무원 수험생이라면 누구나 공무원에 합격하고 싶은 절실함은 있다. 그러나 공무원 합격을 위해서는 절실함을 받쳐줄 수 있는 실력이 필요하고, 그 실력은 절실함으로부터 나온다. 빙산의 일각인 합격생은 실력과 절실함을 모두 가지고 있는 사람이다.

공무원 시험은 연애와 같다. 이 책을 읽고도 공무원 시험에 도전하고자 하는 생각이 든다면, 나중에 후회하지 말고 기꺼이 도전하라고 권하고 싶다.

마지막으로 이 땅의 모든 공무원 수험생과 예비 수험생에게 응원과 존경의 박수를 보내며, 항상 나를 믿고 지지해준 가족, 특히 하준, 하진 두 조카에게 사랑을 보낸다.

"우리들이 몰랐던 선생님의 공감가는 이야기들"

원장님의 추천사를 보고 영감을 받아서 감상문을 소박하게 써 보게 되었습니다. 우선, 1장에서는 나 이런 사람이야 라고 소개하는 느낌이 들어서 좋았습니다. 쌤의 스케줄을 어렴풋이는 알고 있었는데 청소를 그렇게까지 구석구석 깔끔하게 하셨다니! 부지런하신 건 알았지만 이렇게까지 학생들을 생각하는 쌤이었다는 것을 깨닫게 되었어요. 경영 대학원을 나온 것도 주변 사람이 대학원에 다니는 사람이 있어서 2년 공부하는 게 새삼 대단하다는 생각이 들었어요. 저도 상경대학을 나왔지만 쌤이 사업 확장이나 본인 사업하시는 거 볼 때마다 쌤은 참 사업에 꿈이 있고, 기획하고 실천하는 진정한 경영인이다 라고 생각합니다. 저는 잔소리 특강 이야기가 신선하고 재밌더라고요. 또 상담 외에도 쌤이랑 도란도란 얘기하면서 성적 얘기도 하고 일상 얘기를 하다 보면 우울했던 성적도 잊고 다시 힘내서(리프레시되어) 수업에 들어갔던 게 기억이 나네요. 전 쌤을 이벤트 여왕, 요정이라고 불렀었는데 그게 학생들에 대한 사랑이 엄청 필요하다는 것과 쌤이 주는 간식 하나하나에 담긴 배려를 이 책을 통해서 다시 한번 깨닫게 되었습니다. 책에서 간간이 쌤 얘기를 해 주는 게 좋았고, 공감도 많이 하고 책을 읽고 싶어졌어요.

부끄럽지만 조정점수 같은 부분은 사실 잘 몰랐었거든요. 근데 예로도 들어주시고 표로 쉽게 정리되어 있어서 좋았습니다. 공무원 초심자, 학부모뿐만 아니라 공시생, 면접 준비생들에게도 아주 유용한 자료가 될 것 같습니다. 면접 내용이라던가 자소서 같은 건 웬만한 데서는 자세한 내용을 찾기 힘드니까요. Q&A 내용도 잘 정리되어 있고, ""로 대화로 되어 있는 것들이 환기를 잘 시켜주고요. 이 내용이 있어야 할 거 같은데 하면 그다음에 그 내용이 딱딱 나와 있었어요. 저는 인증 반을 하게 된 계기도 쌤이 몸무게 감량을 독하게 하는 거 보고 '이 사람은 자기 관리를 참 잘하는 사람이구나. 본받아야겠다' '이 사람이라면 내 스케줄을 맡길 수 있겠다.' '같이 해보고 싶다' 라는 생각이 있어서 하게 됐었거든요. 끊임없이 자기 개발을 하시는 걸 보면 참 대단하다고 느낍니다. 이 책도 그렇고요, 쌤이 이 책을 내고 앞으로는 어떤 일을 하실까 궁금해지네요. 책이 대박 났으면 좋겠습니다!! 화이팅!!

한태은

66

긍정적인 마인드를 바탕으로
주변 소식이나 날씨 변화에 휘둘리지 않을 수 있도록
오로지 자신에게만 집중해야한다.
가장 중요한 것은 슬럼프가 나에게만 오는 것이 아니라는 것을
인지해야 한다. 누군가는 알게 모르게 스치듯 지나가기도 하고,
누군가는 며칠씩 방황하기도 한다.
합격과 불합격은 이 슬럼프를 누가 먼저 이겨내고
빨리 책상 앞으로 돌아오는지에 달려있다.

99